大是文化 공부가 설렘이 되는 순간

讓10000+人愛上讀書

為什麼要讀書？曾放棄讀書的我告訴你。
沒方向、成果差、被潑冷水……先做一件事就好。

韓國教育顧問超過 10 年經驗
百萬青少年的升學指導顧問、心靈導師
曹承右 著　郭佳樺 譯

CONTENTS

Chapter 2

Chapter 3

Chapter 4

一張表格，人生就定位——105

Chapter 6

聚焦一件事就好——185

Chapter 7

不被世界困住的方法——233

推薦序

心態決定高度——遇見更好的自己

作家、丹鳳高中圖書館主任／宋怡慧

德國詩人歌德（Johann Wolfgang von Goethe）說過：「在你相信自己的那一瞬間，你就會知道要如何過日子了。」在強調績效與成績表現的時代，「讀書」這道高牆是許多人的生命之坎，而韓國作家曹承右則為那些在人生價值上感到徬徨，認為自己無法愛上讀書的靈魂，指引一條充滿希望的學習道路。

當我翻開《讓10000＋人愛上讀書》這本書時，內心不禁為之怦然。作者以其動人的生命歷程，娓娓道出一個關於自信心泉源的故事與實踐的渠道。

有人說：「做你害怕的事，體驗成功的喜悅，那就是了。」作者是一位數學只考三十分、飽受排擠、曾因憂鬱症而萌生中輟之意的少年，沒想到，他憑藉著「重折心」（按：「重要的是百折不撓的心」的縮略語），成為啟發百萬韓國青少年的心靈導師。

這樣曲折又動人的生命蛻變，不僅是訴說攀登成功的實例，更是一個關於重啟「心態」的人生啟示。華頓商學院教授亞當．格蘭特（Adam Grant）曾說：「每天努力精進自己才是王道。沒有什麼成就比釋放隱性潛能更卓越了。」

這句話和這本書的底層邏輯是相同的：**一切改變的開始，都源自於相信自己「做得到」**。你無須尋找他人的成功特質，或嘗試複製它，你只需要專注的做好你自己。

青春期的孩子們，就像徘徊在人生十字路口的探尋者，對未來充滿憧憬卻又患得患失。這本書最珍貴之處，在於作者以「過來人」的身分，細膩觸及每個年輕心靈最脆弱的一隅。

他溫暖的告訴大家：「真正的自信不是空中樓閣，而是需要具體的根據——要了解自己為何能成功、為何能達成目標。」這些重要的心靈肌肉該如何鍛鍊？

作者認為要先從建立「小成就感」開始累積，逐步尋找到夢想的意義，再透過具體的學習策略，如：曼陀羅九宮格（見第一〇七頁）、八〇／二〇法則（見第二〇九頁）等實現目標，每一步都踏實的為未來搭建一座通往夢想堅實的橋梁。

更難能可貴的是，**作者教會我們如何擺脫「固定型心態」的綁縛**，摒除否定自己的言詞，不要再說：「我就是笨」、「我沒有天分」這些自我設限的暗示言語，而是要帶著肯定與積極的自我認同，因為正向語言能讓我們每天都比昨日更接近成功。

肯定自我的練習，可以讓我們因為內在力量的提升，進而突破外在的挑戰與困難。然而，當我們學會像作者一樣跨越內心那道「高牆」，不再執著於「做不到」的執念，反而是專注於「我一定會做到」的信念時，一如臺灣隊長陳傑憲說的：「只要去做，就能成功。」剛開始必然會有許多不完美的地方，但只要享受過程帶來的改變，慢慢累積經驗，我們就會越來越壯大。

我想，這不只是一本談「如何讀書」的成功祕笈，更是一本注入生命能量的心靈泉源。它教導我們：「**人生最重要的不是一次就成功，而是在每次跌倒後，都能找到重新站起來的勇氣。**」

期待每位翻開這本書的讀者，都能想到夢想就心跳加速，真摯的愛上閱讀與學習的當下，並逐漸遇見因學習而閃閃發亮的自己。

前言
讓我重新愛上讀書的關鍵

從大學時期開始，我一邊擔任學習顧問，一邊到各地演講，至今已超過十年。在這段期間，我遇到了許多學生，有人不知道為何要讀書，也有人不想讀，甚至有人灰心喪氣。從那時起，我便決定幫助孩子打破讀書的高牆。

為了實現這個夢想，我出版了四本書、創立YouTube頻道，並且成立了「小成功，大成就學堂」教育服務新創公司。

自我創業以來，我時常被家長們誤會：「曹老師從小就很會念書。」、「你應該是那種從來不用父母操心的模範生。」但坦白說，正好完全相反。我的個性比較直接、不太會交朋友，小學六年級甚至被同學排擠過，希望我消失在世界上。

因為我愛帶頭起鬨，不僅老師常訓斥我：「你可不可以乖一點？」媽媽也經常被叫到學校。據說我讀小學時，爸爸最大的心願是：兒子乖乖坐下來看書三十分鐘。

各位就知道我和好學生可差遠了。

雖然我從小並不突出，但我還是很渴望有好的表現——想擔任班級幹部，也希望自己很會讀書。然而，卻總是事與願違。

我抱著雄心壯志第一次參與班長選舉，最後卻僅獲兩票；臨時抱佛腳準備考試，考不到五十分；上了國中以後，我算是很認真，但高中第一場數學考試，也只拿了三十分，挫折感大到一度退學。高一上學期結束時，我甚至被診斷出憂鬱症，度過了一段十分難熬的時期。雖然好勝心很強，卻什麼事都做不好。因此，有時看其他同學輕鬆達成目標，心裡是既羨慕又自卑。

但是，每當我失敗、跌倒，讓我重新站起來的，並不是知名講師的線上課程，也不是什麼精闢的評量，而是**「心態」——讓我成功跨越眼前的讀書高牆。**

在學校碰到困難時也是一樣。**重新回想必須相信自己的理由，看見今天的自己比昨天的自己更好，這種心態讓我重新站了起來。**

這在韓國還變成流行語，叫做「重折心」。在我的青少年時期，失敗總是多於成功，但每次我都跨越一道道困住自己的高牆，越挫越勇，才能再次跨越每一道關卡。

當我第一次考試只拿三十分，打算就此放棄一切時，我決定回想自己的小小成就，勇敢的相信自己一次。後來，被診斷出憂鬱症，我也問自己：「我的夢想是什麼？想做什麼？」

最後，我終於打破束縛自己的繭，為人生踏出第一步。

在這個過程中，我發現隱藏在內心深處的夢想與信念，並逐漸找回學習的自信，隨著一天天有了新的改變，也不再被他人左右。

在歷經嚴重低潮後，我終於擺脫自己沒有天賦的想法；我開始將目標放在比昨天更進步，然後讓每一天變更好。

有時雖然也會質疑自己，但我選擇不去看遠大的目標，只想實踐今日定下的約定，戰勝懷疑與恐懼。即便還是會遭受挫折，但我不會被擊倒的，六次不行，就挑戰第七次，七次不行就挑戰八次。

我發現，當心靈越茁壯，讀書就不再是無法翻越的高牆，而且我也能慢慢找到攀爬的梯子，最終到達那些曾經到不了的遠方。

在這個過程中，更重要的是：我曾經非常討厭自己，有時甚至不想見任何人，但現在我以自己為榮。就算再艱難，我也不會逃跑，因為我相信自己，無論什麼樣的牆都能翻越。

雖然父母常說我們不想念書，但我很清楚大家其實很想好好表現，並且比任何人都還努力，只是因為擔憂與不安，才猶豫不前。

而這也正是我寫這本書的契機，但我並不期待大家成為學習高手，而是**希望無論你的夢想是什麼，都要去勇敢衝撞內心的那道牆，絕不輕言放棄**。

我也曾被困住過，每天都在懷疑自己，然而恐懼與不安只會讓人更加裹足不前。當然，很會讀書是好事，但更重要的是——**翻越內心那道牆的方法**。

「我的小成就是什麼？為什麼我能夠做到？」

「現在為什麼要讀這些？我的夢想是什麼？」

「為了實現夢想，今天我該做什麼？」

「如何讓明天充滿期待，令人光想到就開心？」

成功的人們會找出「必須做到」的理由，而非「做不到」的理由，唯有清楚自己為何讀書，才有力量繼續做下去。

此外，他們喜歡看自己每天進步，感受成長的滋味，勝過和他人比較。也因為如此，他們更想好好表現。即便有時懷疑、恐懼、懶惰找上門，他們也懂得如何戰勝，並且持續實踐下去。即使結果不如預期，只要內心堅定，最終自然會迎來好結果。

本書的主角不是我，是各位。

希望大家都能成為自己寶貴人生的主角，為夢想與目標充實每一天。雖然有時可能會萌生放棄的念頭，但我希望各位能感受到翻越高山後的喜悅和激動，並相信自己做得到。

無論是誰，只要心意堅定，就能找到真正的價值。改變心態，就能翻越那些困住自己的高牆。

期待各位找到屬於自己的道路，那條做自己、熱情洋溢的、穩定持續的人生道路。

然後，在那道牆後方看見比任何人都閃閃發亮的自己。

期待明天的自己，一想到夢想就怦然心動的時刻、愛上讀書的時刻。

Chapter 1

謝謝有人一直相信我

出書、舉辦演講以後，我終於明白——許多父母都誤會孩子了。大部分父母看到我，總會感嘆：「我們家小孩一點都不想讀書。」

然而，在我實際與那些學生們聊過後，卻發現說法不一樣。表面上，他們就像父母所說的，對讀書沒有想法，也一副興趣缺缺的樣子，但他們內心並不是這樣想的。

「我當然也想好好讀書！只要認真讀書，爸媽就會稱讚，也會得到同學和老師的認同，我怎麼可能沒想過？」

沒錯，我們都很清楚，但想法和行動卻不一致，一坐到書桌前，不是經常分心做別的事，就是滑一下手機。在父母眼裡看來，這當然就是不想好好讀書。

不過，其實這是另有原因的——不安和擔憂扯了我們的後腿。

總是恨不得自己能好好表現，但另一方面又懷疑：「真的能做好嗎？」、「究竟能不能做到？」同時，也害怕要是認真去做，萬一達不到成果，自己會很受傷或讓爸媽失望。

或是因為在意別人的眼光，所以寧可假裝不認真；又或者是假如不認真做，就不會受傷，所以總是很難下定決心邁出步伐。也許你也曾想過要好好拚一次，但當你正準備開始讀書時，內心深處的不安與恐懼，卻不時的浮現。

「不想讀書」很正常

我也有過這樣的經歷。

國中時期，我算是很認真的學生，當時會念書的人都想考上位於忠清南道公州[1]的韓一高中，我最後也以吊車尾考上。但我還來不及享受錄取的喜悅，就得知一個壞消息——在入學以前，學校會實施分班考試。

「高中最重要的是數學，數學好，成績才好！」

上國中之後，不知道聽過幾次這種建議，所以在分班考試之前，我決定要專

1. 忠清南道位於朝鮮半島中部西南的南韓行政道。

攻自己最不擅長、也是高中成績分水嶺的數學。寒假期間，我每天早上八點就到圖書館報到，晚上十點才回家。我以為自己一定能拿到好成績，因為我一直相信努力不會背叛自己。

分班考試當天，我信心十足的赴考。

然而，一考完試，信心卻徹底瓦解。就算過了這麼多年，那次考試的挫折感至今仍歷歷在目。整份考卷共三十道問題，依我的實力，只能解出七、八題，甚至有三分之一左右的考題，我完全答不出來。

不久後成績揭曉，果然是悽慘無比——數學三十分，分班數學考試平均是六十分，我的分數只有平均的一半。

這個分數我只在小學小考時拿過幾次，升上國中以後，就再也沒拿過這樣的分數。本來還以為自己一定有前十名，結果我的分數是全年級一百六十三名中的第九十六名，國文和英文科目再高分也救不了。

雖然平常我對數學確實沒什麼自信，但明明分班考試前埋頭苦讀了兩個月，結果帶來的衝擊還是超乎想像。

但我也沒有因此放棄讀書或失魂落魄，反正分班考試也不會列入成績單，我想期中考應該還可以扳回一城。

「我敢保證整間學校沒人比我更認真！我會認真讀書，我做得到！」開學典禮當天，在學校宿舍前，我還在一臉擔憂的父母面前大放厥詞。那天以後，我也確實每天只睡四、五個小時。宿舍起床時間是早上六點，但是我每天都更早起床，然後到教室開始自習。

我真的全力以赴，拚命到不能再拚了。

終於，期中考即將到來。我心想：「一級分[2]就不奢望了，至少考進二級分。再不行，至少有三級分吧？我這麼認真讀書？是吧？三級分一定沒問題！」

然而，最後收到的期中考成績單終究無情踐踏我的期望——數學五級分。

2. 譯注：韓國高中校內成績有等級之分，成績由高至低為一級分到九級分，一級分是前四％，二級分前一一％，三級分前二三％，四級分前四〇％，五級分開始為後半段，五級分到九級分分別為六〇％、七七％、八九％、九六％、一〇〇％。

「到底是哪裡做錯了？我以為自己夠認真了，努力還不夠嗎？」拿到這張成績單，慌張的我也沒時間想太多，只想再努力一點，下次至少能拿到三級分。

但命運捉弄人，期末考的成績再次踐踏了我的心。

數學五級分。

這兩次考試我都卯盡全力，結果卻仍然慘遭滑鐵盧。

這是我第一次體悟到——「就算拚死拚活，有些事做不到就是做不到」。

從那時候起，我再也提不起勁。因為我認為就算我再努力，自己的實力和成果也不可能提升。一直到後來，我才明白，也許努力需要更多時間開花結果，也許是方式錯了，只是當時的我根本想不到這些。

不，說得更精確一點，我完全失去了信心，沮喪到眼前彷彿出現了一道難以跨越的高牆。

這種想法不斷蔓延，我開始覺得自己在學校已不可能再有好表現，所以決定逃離這個地方——我要退學。

我告訴老師自己不打算繼續念下去，就回老家了。

後來，媽媽帶我去看精神科，結果我被診斷為重度憂鬱症（depression）。當時，我認為一切都不可能好轉，內心越來越絕望。之後整整兩個月，我完全沒辦法讀書。

不，應該說是我不想讀書。

逃跑，不可恥

其實，我決定退學及得到憂鬱症，另有原因。那就是交友問題。念小學時，好多事對我而言都很困難。

不管是讀書、運動還是玩遊戲，每件事我都很認真，但總是有一堆同學比我更厲害。其中最難的就是——交朋友。說得更確切一點，應該是交到朋友後，很難維持良好關係。

我父母都在工作，我是獨生子。當然，不是所有獨生子女都是這樣，但現在回想起來，我的確特別缺乏體諒或同理心。

說來慚愧，但那時我真的是既自私又固執、只在乎自己的人。我的輔導紀錄表上，老師給的評語是：「應培養圓滑的人際關係，多加包容其他同學。」我記得自己常常拿小事取笑同學，讓他們出糗，分組活動時也經常堅持己見，當然同學們也就不可能喜歡我。

但當時，我對這一切渾然不知，一心只想在人前表現、想成為人氣王。後來升上四年級，我決定參選班長。為了拉票，我在同學們面前往自己頭上倒水，還喊話：「如果大家投我，我就會為班上做牛做馬，做到汗流浹背也不喊苦！」

我以為自己會當選班長。因為當時大家反應很熱烈，有的人笑到不能自己，有的人甚至大喊我的名字，然而開票結果卻讓我只想鑽進地洞。

寫我名字的紙條只有兩張，其中一張還是我自己寫的。就這樣，我以最少票落選，那天真的太丟臉了。

但是，經歷這件事之後，我依然目中無人，不知道同學們不喜歡我。

直到有一天，我們要去愛寶樂園[3]（Ever Land）校外教學。對我這個從釜山（按：韓國第二大城市）來的「鄉下人」而言，愛寶樂園簡直就是夢幻世界。老師說要分組行動，我很理所當然的想跟平常比較要好的同學一組。

結果，校外教學前幾天，其中一個同學把叫我過去，說：「我們沒有要跟你一組，你找別人吧！」我大受打擊，忍不住開口詢問原因。

同學說無論打籃球或踢足球，我總是不在乎別人，只照自己的想法做，這讓他們很反感。言下之意，要是一起去愛寶樂園，我一定又自己玩自己的，所以他們不想跟我一組。隔天，我趕緊去找其他同學，但沒有人願意和我一組。

這次的打擊比選班長失敗丟臉、羞恥好幾倍。

我一直以為我是個很不錯的人，結果自尊心一下子全部瓦解。最後，同學們在愛寶樂園開心共度美好回憶的時候，我只能裝病獨自留守住處。直到因為媽媽工作關係轉學的這兩個多月裡，我始終是個邊緣人。儘管當時我年紀還小，但這件事對我的打擊很大，也留下了深遠的影響。

3. 位於韓國京畿道龍仁市的主題公園，是韓國最大的主題樂園。

幸好我還算有救。上了國中以後，我很努力改掉自私的性格，最後終於成功當選班長，也交到知己好友。不過，上了高中以後，卻漸漸變了調。學校規定全校學生必須住校，每間房間住八個人。一開始當然覺得很期待、很有趣，跟同學一起吃飯、睡覺、生活，就跟去校外教學一樣快樂。

然而，大概一個月過後，大家彼此之間開始慢慢出現摩擦。個性、行為模式、生活環境各不相同，大家住在一起，難免會有彼此不能理解的時候。隨著問題越來越多，我甚至開始失眠。前面也提過，在我升上高中以後，數學成績壓力非常大，我曾因此失眠。好不容易睡著，卻又經常因為同學們發出的細小聲音醒來好幾次，連同學們的交談聲，也干擾了我的睡眠。

一開始，我原本還會拜託對方，說：「不好意思，你們可以小聲一點嗎？我會睡不著。」後來卻逐漸演變成：「閉嘴！讓我睡覺好嗎？」語氣充滿煩躁與憤怒。我越來越討厭同學，也經常口出惡言。

儘管同學們也能理解、配合，但是我越來越不耐煩，也經常發脾氣。於是，同學們最後還是一個個離我遠去。兩個月後，彼此明明住在同一間房，卻連一句話也不說。我知道自己也有錯，但等我想要挽回時，一切都太遲了。

自從和室友陷入冷戰後，我和班上同學的關係變得越來越尷尬，此時的我又像小學六年級一樣變成邊緣人。

我人生當中最大的傷痛再次降臨，我根本不敢想該如何克服，所以我下定決心逃離一切。

等待一個相信我的人

退學回家後，已過了兩個星期。每天早上，媽媽上班前都會精心準備一桌飯菜，還會留下一封信給躲在房間裡的我。但是，我好幾天都不敢打開，因為讓爸媽擔心、放棄一切回家，這些事都讓我好羞愧、好內疚。

而後又過了幾天，我偶然打開媽媽寫的紙條。

「兒子，媽媽還是希望你今天可以過得幸福。因為有你在，媽媽真的很幸福、很開心。媽媽會一直等你，不用著急，慢慢尋找自己的路吧！」

滿是真心誠意的信，讓我的眼淚不禁掉了下來。我想緩和一下情緒，便重新讀起媽媽這陣子以來寫給我的信。

那是我正忙著準備期中考，四月的某一天：

「白天燦爛的陽光如此美麗，感謝我兒子在這樣的陽光下誕生。

你離開家已經快兩個月了，去年的這個時候，你還在家裡讀書，媽媽看著你認真讀書，內心感到無比驕傲。現在，我常常想起那時候的你。

承右，媽媽養育你到現在，每個瞬間都以你為傲，因為每件事你都盡全力去做好，在媽媽眼裡，你是世界上最棒的兒子。

不久前聽到你因為課業問題倍感壓力，雖然我沒有表現出來，但媽媽心情很沉重。不過，我相信你終究會克服，很快就會實現所有願望。

無論你在哪裡，我都希望你平安健康，每天過得快快樂樂。媽媽愛你！我的

「寶貝兒子，生日快樂！」

——期待五月三日和你見面的媽媽

我住進學校宿舍後，媽媽幾乎每天都會寫信給我，退學回家以後，她依然經常寫信。這段日子以來，她的信裡滿是溫暖的心意，為了稍微慰藉兒子的心情，每天苦思該如何將勇氣，每天一筆一劃的寫進信裡。

而我滿腦子只想著為什麼自己這麼沒出息？為什麼只有這點能耐？除了自責，也非常不好受。但是，就算我這麼窩囊，媽媽依然一直關心我，她相信我、支持我、等待我。

「一個相信我的人」——要讓人重新振作起來，沒有比這個更強大的動力了。正當我自暴自棄時，卻發現還有人一直相信我，不離不棄。那份信任讓我重新站了起來。

不是失敗，只是還沒做到

從媽媽身上獲得了勇氣後，我才慢慢看見過去未曾察覺的事。

某天，我在房間書櫃看到一本偉人傳記，於是拿了下來。讀了一、兩頁後，有了新的發現。

小時候只看到偉人們的豐功偉業，心想總有一天自己也要成為這樣的人。然而，當自己陷入低潮時，反而是先注意到他們年輕時的失敗與經驗，而不是成功。

落選六次，二十四歲時創業失敗，在一年內破產，花了十七年償還債務；最後因喪子之痛，在二十七歲那年被送進精神病院——這是美國第一任總統亞伯拉罕·林肯（Abraham Lincoln）的故事。

比其他人晚應試武科舉[4]，考試當天從馬背上摔落，還差點性命不保。最後名落孫山，重考四年終於上榜。而每回他氣勢正旺時，就被誣陷罷官——這是李舜臣[5]將軍的故事。

還有，歷經一百零八次失敗，終於發明出飛機的萊特兄弟（Wright brothers）；在權力鬥爭下，被趕出自己創辦公司的史蒂夫．賈伯斯（Steve Jobs），還有籃球之神麥可．喬丹（Michael Jordon）的廣告臺詞：

「在我的職業生涯裡，我有九千次投籃沒能命中，我還輸了近三百場的比賽，有二十六次，在關鍵那一球，大家期待我能反敗為勝，我卻失手了……。我的生命中，充滿了一次又一次的失敗，但這就是我成功的原因。」

當我們看到別人成功時，往往只會看到其光鮮亮麗的一面。因此，每當聽到周圍有人考滿分、考全校第一名，大家通常只會關注結果，並拿來與自己比較。

4. 源於中國考試制度中的武科，目的是選拔軍事人才。
5. 朝鮮王朝時期名將，以其輝煌戰績而聞名，被譽為民族英雄。

這其實很正常，畢竟一個人走向豐功偉業的過程，以及其中的辛酸，往往不為外人所知。

但是，這就是陷阱所在。如同前面所述，每當我們看到其他人功成名就時，我們只看結果，而不是過程。當然，有時是因為人們通常只想展現自己好的一面，所以我們很難了解，他們在過程中遇到哪些失敗、挫折。

相反的，當我們回過頭檢視自己，卻常常只看到不順利、失敗的一面，看不到未來會成功、達到優異成就的自己。所以，打從一開始，這個比較就不對等。

我這才明白，**我不是「失敗」，只是「尚未」到達而已**。

我還在夢想的路上，即使未來還是會遇到其他失敗或考驗，但只要不放棄，我相信總有一天會到達終點。林肯、李舜臣將軍、賈伯斯、萊特兄弟、喬丹，都是如此。

我又有了勇氣，相信總有一天自己也能成為很棒的人，實現目標、備受眾人認可。

換個方式思考後，我開始想好好表現，所以決心再試一次。

就算讀書不是人生的全部

雖然下定決心再試一次，但我無法像以前一樣，不，是絕對不能和以前一樣。我的決心還需要更強烈的動機。

這麼說有點不好意思，不過一開始我讀書其實是為了手機。升上國中時，媽媽說只要我認真讀書就有手機，所以我才開始拚命讀書。

不過，一旦努力有了回報，心情不僅變好，也有了自信，覺得只要繼續努力下去，就能實現所有願望。

然而，這種想法不知不覺卻變調成：為了提升名次、贏過隔壁同學、考進明星高中，這些想法開始蠶食我的心。後來，我讀書就少了內在動機[6]，老是從外

6. Intrinsic Motivation，任務本身的興趣或愉悅帶來的動機；外在動機則是指是依賴外在的激勵，但是一旦誘因消失或失去吸引力時，便不再努力。

在尋找讀書的動力。

其實，我心裡不好受，也是源自於此。一直到升上高中，我的世界開始崩塌——排名沒有提升、考得比隔壁同學差，我頓時不知道自己為何要讀書。

同時心底也出現一道疑問，這可說是所有問題的本質，是非常根本的疑問：

「我為什麼要讀書？」

我必須找到答案。我已經明白，為了贏過他人、追求更高的成績和排名而讀書是有限的。我需要一個即使贏不過別人、排名或分數不高，依然願意努力學習的真正理由。

這個答案只能靠內在動機。我需要一個光想就令人怦然心動、累了也能重新站起來的理由，願意用整個人生換來的無價之寶，我們稱之為「夢想」。

於是，我開始尋找自己夢想。

小時候，我也曾有過幾個夢想。警察、檢察官、律師、老師、總統等。我還記得小學時，每年老師都會問大家，每次我都可以寫上好幾個不同的夢想。

至於理由，其實也沒什麼，我只是把電影或電視裡看起來很酷的職業都寫上去而已。

然而，到了國中，我根本沒思考過夢想。沒有時間去想，也從未想過要去思考自己的夢想。我再次問自己：

「我的夢想是什麼？」

「以後我想在世界上扮演什麼樣的角色？」

「做什麼事情時，我最開心？」

雖然當時年紀還小，但我還是細細回想這幾年的時光，然後發現一顆很久以前播下的夢想種子。

我小時候不喜歡看書。在小學四年級之前，我完全不看書。然而，如此討厭書的我，卻會看爸爸買的歷史漫畫書。

這個偶然成了契機，讓我開始看起一些歷史相關書籍，其中，我尤其喜歡近現代歷史，例如電影或電視劇中常看到，日帝強占期[7]、六二五韓戰[8]、五一八光州民主化運動9等，因為書寫得很詳細，所以有時我也會拿書去問爸爸，和他一起討論。

對近現代史越來越感興趣後，爸爸經常帶我一起造訪歷史古蹟，滿足我的好奇心。我們去過許多日帝強占期、六二五韓戰及民主化運動各時期的歷史古蹟，比如獨立紀念館、博物館、民主化運動紀念館等。

其中，我最印象深刻的是，位於小時候舊家附近的聯合國紀念墓園10（現今和平公園）。這裡葬有來自美國、英國、加拿大、土耳其等，參加六二五韓戰的外國士兵。因為離家裡很近，我經常和爸爸一起去散步，或者是自己坐公車過去。

猶記得小學五年級，有一天我們沒帶雨傘，和爸爸站在公園裡一處教會的屋簷下躲雨。

遠處一位西方面孔的老人坐在輪椅上，在一座陣亡士兵的墓碑前坐了好一陣子。出於好奇，我請附近的導覽人員幫忙詢問、翻譯。原來，那位老爺爺是當年被派去參加韓戰的軍人，而墓碑的主人正是與他並肩作戰、後來戰死的戰友。

當時年紀還小的我受到很大的衝擊。一直以來，我總以為戰爭只會出現電視或電影裡，與自己無關。

然而，那是我第一次直接聽到有人因為戰爭而失去生命。

回家路上，我和爸爸一起去書店，買了幾本韓戰相關書籍，當天晚上就讀了起來。但是，隨著深入閱讀，我逐漸明白韓戰並不只是單一事件，其背後還牽扯到韓國失去主權、被日本帝國殖民的歷史；也了解到韓國因地理位置關係，被迫經歷了無數的悲劇。

雖然我已經不太記得自己回家說了什麼，但媽媽問我：

7. 譯注：朝鮮被日本殖民時期（一九一〇年至一九二四年），臺灣普遍稱日治或日據時期，但韓國政府定調此段歷史為「日帝強占期」。

8. 一九五〇年六月二十五日至一九五三年七月二十七日，南、北韓在一九五〇年代的國家制度之戰和統一之戰，也是自二戰結束後，動員最大的第一次國際戰爭。

9. 又名光州事件，韓國民主轉型的分水嶺。一九八〇年五月十八日至二十七日，光州人反對全斗煥獨裁政權，上街示威抗議，全斗煥卻下令血腥鎮壓，造成兩百零九人死亡、四千三百多人受傷的慘劇。

10. 座落於南韓釜山廣域市南區，埋葬聯合國軍在韓戰中的陣亡士兵。

「今天感覺如何？」

我說：「戰爭這麼可怕，我要成為阻止戰爭再次發生的人、我要成為改變歷史的人。」

我當時其實很感傷，一想到國家被奪走，無數人因為戰爭犧牲，只覺得痛心疾首。

但是，上了國中以後，這些事都被我拋諸在腦後。為了提升成績、複習課業，幾乎沒有時間去想自己喜歡的近現代史，或是夢想。

直到那些早已遺忘的記憶，又一點一滴回想起來，我終於想起當時的悲傷、痛心，以及熱血沸騰的瞬間。年少時想要改變世界的夢想，彷彿在指引我，將那些想法用文字寫下來——未來想成為什麼樣的人、什麼事讓我熱血沸騰、想解決世界哪些問題，並一步步開始尋找答案。

最後，我的答案是，我想成為讓世界不再因戰爭等悲劇而受苦的人，我決定要成為致力於解決戰爭和衝突等問題的人。

人生只有一次，我希望能幫助每個人幸福的生活。

圖表 1–1　寫下夢想名片，提高成功機率

曹承右

韓國　　外交官

Korea Diplomat

大韓民國

創造美好世界、南北韓統一與東亞和平，打造沒有戰爭的韓國。

除此之外，我還想起某次課堂上聽到的故事。根據美國哈佛大學（Harvard University）實際研究顯示，**將夢想和目標寫在紙上的人，比沒有寫的人更容易成功**，對人生的滿意度、所得，也相對較高。

因此，我開始把夢想和人生願景寫在紙上，也就是所謂的夢想名片、願景指南（圖表1–1）。

寫下這張名片後，我的人生徹底改變了。一直以來折磨我的課業，有了全新的意義。不再只是為了贏過他人，也不只是為了進入頂尖大學，我有了明確的讀書理由——為自己、為夢想。

具體來說，如果我能當上外交官這樣肩負重大決策的人，我的選擇和決定會影響很多人；如果我不夠聰明或缺乏智慧，可能會做出糟糕的決策，甚至傷害到他人。因此，我必具備足夠的智慧和知識。

若想為未來的世界貢獻一份心力，就得了解政治、經濟、文化等構成社會環境的各個領域。而且，為了讀書，我還必須學會忍耐、節制和意志力，這些都是實現夢想必備的美德。

我突然不想認輸了。雖然讀書並不是人生的全部，但如果我連這件事都無法征服，我還能做什麼？

讀書曾把我困在狹窄的繭裡，而夢想則讓我破繭而出。走出來後，我發現讀書的意義變得越來越渺小。這絕對不是無法跨越的高牆——我決定用自己的步伐重新開始。

「你跑了，有可能輸；
但你不跑，就已經輸了。」

——美國第四十四任總統／巴拉克・歐巴馬
（Barack Obama）

Chapter 2

今天比昨天好，明天比今天好

我曾提過夢想可以為讀書賦予全新意義，也許有些人會認為這種說法太浮誇，甚至質疑：

「所以？你的意思是？我們應該怎麼做？」

「我只是國中生，現在談夢想會不會太遙遠？」

大家可能都曾這樣想過。

我寫這本書的目的，並不是要大家完全按照我的方法，而是希望能不受他人影響，朝著自己的夢想與目標前進。因此，接下來我想和各位分享，在少走彎路的情況下，如何培養出百折不撓的意志。

首先，或許大家心裡會想：「我還沒有夢想，怎麼辦？」

別擔心，你並不需要先確定夢想。

在寫書過程中，我採訪了許多學習顧問，他們一致表示，**自己一開始讀書時也沒有明確的夢想，反而是在碰到危機或失敗，才找到自己的夢想。**

不過，在採訪過程中，我也發現了一個共通點。從小就很會讀書的學生，或是雖然一開始不得要領，但後來成績很好的學生都是如何樂於學習？答案是：

「相信自己做得到。」

從「做得到」開始

那些學生說：「我相信，只要投入心力讀書，就能取得想要的成果」。

至於起步較晚的學生也表示：「我相信只要開始讀書，一定能有好表現。」尤其是後者，即使到國中，甚至是高一、高二都沒有讀書，最後依然能在短時間內提升成績。

他們在開始讀書時都對自己充滿信心。無論本來會不會讀書，一旦認真準備課業，就相信自己一定能做到。

大家還記得讓我陷入憂鬱症的第一種心態嗎？

那就是——就算再努力，有些事情還是做不到。

人都是這樣的，當我們覺得自己無法成功時，任誰都不會想繼續嘗試。那些放棄數學的學生也是如此，如果問他們從什麼時候開始放棄數學，九九．九％的人應該都會回答，就算花這麼多時間和精力，數學也不會好到哪裡去。**我們必須先相信自己做得到，才會產生想做的動力**。當某件事在我們的能力範圍內，才會有「想做」的意願。

換句話說，只有當我們有機會做到，才能邁出第一步或付諸努力，這稱之為「自尊感」，也有另一種說法是「自我效能」（Self-efficacy），也就是期待或相信自己能成功完成某項任務。正是這種信念，驅使我們真正啟動、投入其中並全力以赴。

在我們很小的時候，也曾有過那種心態——不管什麼都想挑戰看看，就算有點困難，也相信自己做得到。然而，隨著課業日益繁重、艱深，即便付出更多努力，失敗卻往往還是多於成功。漸漸的，我們的自信心被消磨殆盡，也會越來越不相信自己。到了這個地步，人當然就會喪志。即便努力面對一切，若失去做得到的信念，甚至失去希望，便很難再堅持下去。

要開始做或挑戰某件事，最重要的並不是眼前的結果，而是想開始做、想努力嘗試的那一刻，你有多相信自己；你有多期待，這將會決定最終的成敗。**一切**

的開始，都源自於相信做得到。

小成功，大成就

接下來，我要一一告訴大家，如何堅定自信。

故事回到高中時期。在飽受憂鬱症折磨後，我找到夢想，花了一年重新振作，也升上了二年級。當我不再把高中三年當作準備入學考試，而是把這段時間拿來為夢想做好準備，就有了很多想體驗的事。但在這之前，還有一個必須跨越的課題——人際關係。

回到學校後，我和同學之間的關係並不差。我為之前的行為真心道歉，也坦承自己被診斷出憂鬱症和治療的過程。幸好同學們都能體諒我的狀況和困難，甚至為之前的誤會向我道歉，並且關心我的身心健康。

這些互動讓我與同學和好如初，校園生活也逐漸步上正軌。

但這並不代表我能成為同學們的領袖。最關鍵的因素，還是我給自己貼上了

「被排擠兩次」的標籤。這些傷口一直深藏在我內心某個角落，不時讓我陷入憂鬱。但也只有撕掉這個標籤，我才能成為真正的領袖。

於是，我下定決心。為了未來、為了夢想，我必須靠自己克服心中的創傷，而就在此時，學校裡出現了一張海報，彷彿命中注定。

「韓一高中第二十二期學生會會長選舉」

我認為這是大好機會，讓我揮別憂鬱。我知道自己在人際關係和領袖能力上仍須加強，但也正因為如此，參選可以讓我親身嘗試並學習。

當我公開宣布要參選時，許多同學都感到很驚訝。因為我們學校人數不多，大部分同學都很清楚我這段期間的狀況。

此外，也因為擔任學生會長會占用許多讀書時間，之前參選的候補通常只有一名，頂多就兩名。但這次有四名參選者。除了我以外，其他三位同學不僅學業優秀、擅長運動，也很有領袖風範。

相形之下，我既沒有穩固的支持者，人脈也不廣，支持率僅有一％、二％。基本上，這數字大概也不可能翻盤。

選舉結束後，我才得知班導因為擔心我，還特地打電話給媽媽，說：「承右自尊心很強，又好勝，我擔心他會因選舉結果受到太大打擊，所以想請媽媽再多勸勸他，考慮看看退選。」

看到這段話，大家就知道我參選有多魯莽了吧？不過，雖然老師很擔心，但媽媽卻非常支持我。

其實，宣布參選後，我也感到很不安，不知道堅持參選是不是正確的決定。每天都在煩惱：「我真的能好好表現嗎？有可能當選嗎？」就這麼煩惱了幾天，我打電話向媽媽抱怨。

「我很想當學生會會長，但是真的好難。」

我嚎啕大哭，但媽媽並沒有要我加油，而是讓我等她一分鐘，然後拿出一本「小成功，大成就」的筆記本，唸出——我從小達成的各種成就。

當然，筆記本裡大都是微不足道的小成就。比如尪仔標比賽得獎、數學補習班小考進步十分、人生第一次參加校內作文比賽拿下佳獎等。

對其他人而言可能沒什麼，但媽媽把那些事情都記錄下來，並且唸給我聽。有些事，我甚至早就忘了。比如我以前玩直排輪時，雖然一開始成績吊車尾，後來不斷的練習，隔年參加比賽就拿到獎項。還有第一次當選副班長、國中成績在短時間內大幅提升。無論成就或大或小，媽媽念給我聽的這些事，全都是本來一點自信都沒有，到最後卻成功做到的。

面對難以達成的課題，大多數人明明都知道要專注在目標上，卻還是浪費了不少時間和精力在懷疑自己，心想：「有可能嗎？」、「真的做得到嗎？」

我也曾經如此。

但那天聽完媽媽的話，腦海裡的質疑和煩惱全都消失了。因為即便現在面臨的困難看似難以克服，但我都能想起過去的那些成功經驗。

從那天起，我不再想放棄，而是開始全力尋找達成目標的方法。後來偶然看到《第七幕，第七章[1]》這本書，書中描述作者在美國念高中時，最後靠著精彩的演說與參選公約，當選了學生會會長。

還有另一個例子——美國第一位黑人總統歐巴馬。在美國總統大選期間，當時還是政壇新人的他憑藉著感人肺腑的演說，最後當選上總統。

我能在短時間內改變局勢的機會，也只有一個——選舉前一天的十分鐘演講。為了成功撼動人心，我決心全力以赴。

我立刻前往市區的大型書店，買了《世界名言集》。除了下課以外，連上課時間都被我拿來準備演講。熬夜整整一週，每一句話我都反覆分析並推敲，要用什麼樣的語氣、什麼樣的手勢，最後終於完成演講稿。

接著，我又花了一週，每天早晚到學校後山獨自練習演說稿。這段期間，我看歐巴馬總統的演講影片至少超過一百次，包括學習他的手勢、語氣、眼神等。整整兩週，我每天睡不到四小時，腦中想的只有演講，十分鐘的演講稿自然倒背如流。

1. 譯註：一九九三年，韓國企業家洪政旭出版的散文作品。

到了演講當天，晚間七點，全校學生聚集在禮堂裡。過去幾個星期以來，整間學校因為學生會長的選舉熱鬧了好一陣子，人人眼中都充滿期待。

抽籤結果，我是最後一位上臺。前面三位同學一如往常，都表現得很好，這讓我越來越緊張。

不知不覺，到了我上臺的時刻，我平靜的朗讀演講稿：

「剛入學沒多久，我曾和同寢室的室友起爭執。從小習慣一個人睡的我，因為每晚講話的聲音，一連失眠了好幾天。最後，我終於忍不住對他發脾氣，還起了衝突。雖然一開始，我們一點都不了解對方，但衝突的過程反而促成我們互相理解、體諒，讓我們成為兄弟般的好友，光靠一個眼神就能知道彼此的想法。我認為這就是我們學校的價值所在——這是去別的地方學不到的東西。」

隨著朗讀，我心頭湧上一股熱流，聲音也越來越有力。

「也許實踐公約會碰上困難，也許我們需要妥協、協商。即便如此，我決不會因為害怕阻礙就逃避、妥協。（省略）我將成為犧牲自己、照亮他人的蠟燭。」

現在回想起來，演講的內容似乎有點幼稚，不過幸好準備充分，整場順利結束，沒有出現太大失誤。

令我印象最深刻的是，演講結束後，不知道是誰率先站起來鼓掌，最後三百二十名學生都起身，掌聲如雷。四處充滿尖叫和歡呼聲，許多同學和學弟妹高喊我的名字。

那時我很確定，贏了！

兩天後，投票結果出爐，我以兩票之差險勝，當選學生會會長。如果要選人生中最令人難以忘懷，同時又最幸福的時刻，我想應該就是這時了吧！這也是我活到現在，印象最深刻的小成功、大成就。

這經驗讓我相信，**無論面對何種困難，只要堅信自己並付諸努力，總有一天能實現**。也許這件事和長大成人、出社會後的世界相比，看似微不足道，但倘若沒有經歷這段，也許就沒有現在的我。

即使到現在，每當我感到很疲倦、想放棄，或因失敗而挫折時，仍會不時想起那天的感動。然後，我會思索如何克服當前的危機，達成目標。

那時眼前一片漆黑，但最後我還是做到了。

這次，我一樣也能戰勝眼前的考驗。

韓國有個流行語叫「無根感」，是「毫無根據的自信感」縮寫。然而，這樣的自信並非真正的自信，很容易崩潰瓦解。**真正的自信需要根據，必須了解自己為何能成功、為何能達成目標**。

但更重要的是，這些根據來自於前面提到的小成功，而且人人都有。不需要別人認為很了不起、很厲害，只要是自己克服困難獲得的成功，都可以成為自信的來源。

當你還是國中生，初次接觸分數乘除法時，覺得沒什麼困難嗎？剛開始學英文單字時，立刻就能流暢的讀句子、了解意思嗎？剛開始踢足球時，就能把球踢得這麼遠嗎？

我們每天都在成長，不斷超越昨天的自己。去年看似不可能、上個月還很困難，上星期還覺得撐不下去，諸如此類的事情最終都實現了。其中有失敗、有挫折，但是各位已在不知不覺中成功完成了大大小小的任務。

如果你現在正面對著既棘手又困難的事，不妨試著把目光放在過去的光榮時光吧！請回想最終成功時，為自己感到驕傲和開心的時刻，那些時光就是現在的你能做到、能達到目標的證明。

例如：**打開筆記本，寫下十件你曾經的小成功，數量不限，多於或少於十件都可以。然後，再次感受當時的感受與心情。**

回憶過去的光榮時刻，可以讓你確認自己是多麼優秀、多麼有能力的人。也許在這之後，那些看似無法跨越的高牆和障礙物就變得不一樣了。你曾經成功過，就有力量完成眼前的挑戰。你就是這樣的人。

如何快速提升成績？做擅長的事

大家寫下自己的成功經驗了嗎？

有些人可能會擔心：自己現在希望提升的是課業，卻只想起足球、畫畫、遊戲等與課業無關的事，於是感到自責，甚至認為人生白活了。

其實，完全不需要這樣想。

心理學家發現了一件驚人的事實：我們的自信心可分為兩種。一是普遍自信，認為自己無論在哪個領域，都能樣樣精通，二是具體自信，雖然不確定自己的強項，但根據自身經驗，相信自己擅長騎腳踏車、足球、畫畫方面等。

起初，專家們認為，在這兩種自信中，擁有普遍自信的人，在被賦予特定任務時，自信心也會更高。然而，研究結果卻相反。相較於自認在各方面都有好表現的人，**具備具體自信**——也就是，**認為自己在特定領域有能力的人，他們對其他領域的自信心往往更高**（見左頁圖表2–1）。

這份研究帶給我們的啟示是，**不論你擅長什麼，只要擅長的事越多，你就能**

圖表 2-1　如何快速提升成績？

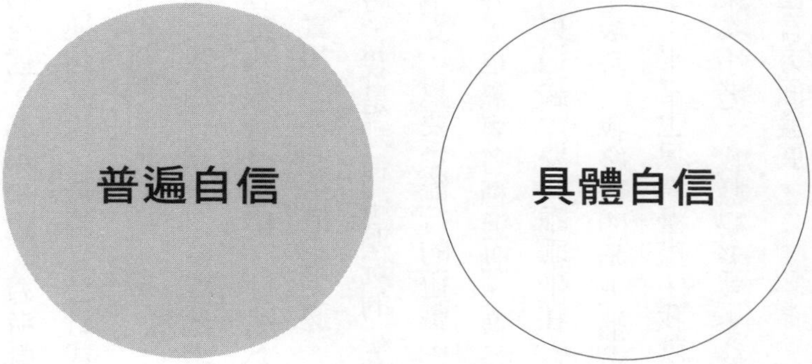

相信自己在任何領域都能精通。

不確定自己的強項，但在特定方面擅長某件事。

擅長的事越多，
你就能建立更堅定的自信。

建立更堅定的自信。簡單來說，對遊戲、足球、美術的自信，也可以延伸到課業或其他挑戰。換句話說，無論是遊戲或運動，還是其他小事，只要你覺得自己的表現很棒，新的挑戰也能迎刃而解。

談到這點，我想分享自己剛開始讀書時的經歷。許多人聽過我的演講後，都認為我是那種從小很會念書的人。當然，我很感謝大家的稱讚。不過，在升上國中以前，我其實和讀書完全搭不上邊。

在小學時，我是那種帶頭玩的小孩。不論是迷你車、戰鬥陀螺、寶可夢貼紙、遊戲王卡等，只要是流行的遊戲，一定有我的分。

除此之外，也熱衷各種運動，像是足球、棒球、直排輪等，所以我的手腳經常傷痕累累。更遑論，要我乖乖坐在書桌前讀書三十分鐘。

小學五年級時，我終於開始上補習班，但是因為偷玩電腦遊戲被抓到，之後就再也沒去了；平常也只看漫畫，我就是這種小孩，當然也不可能很會讀書。

記得，某次小考，我數學考三十分、自然考二十分，爸爸一本正經的勸我，未來不如往體育方面發展。

真正開始認真讀書，是在升國中前夕。原因其實也沒什麼了不起，前面也稍微提過，我之所以開始讀書，主要是為了「買手機」。因為看到同學都有手機，我便向爸媽提出買手機的要求，但他們認為國中生不需要手機。於是，我決定絕食一個星期，以示抗議。

關上房門的第四天，媽媽終於妥協。她說，如果我能在國中分班考試考進他們定的名次，就買手機給我。但對當時的我來說，那個名次幾乎是不可能的，因為我的成績連及格都不到。我想爸媽的考量大概有兩種，一是不打算買手機，二是抱持一絲期待，看看兒子會不會因為好勝心而努力。

我真的非常需要手機，而且那時我還喜歡上一個女生。以前開過K書中心的爸爸，建議我去K書中心讀書，於是我開始在那裡準備分班考試。考試範圍是六年級全部課程，我努力把課本背得滾瓜爛熟。

不過，最關鍵的還是同學們的幫助——有些人認為分班考試不重要，不如先預習國中課程，因此根本沒去考分班考試。結果，奇蹟般的，我真的達到了爸媽設定的名次，得到了夢寐以求的手機。

而在達到目標之後，我開始想「好像可以試試看」、「我應該可以做得到」，並對讀書產生了自信。這就是我開始讀書的契機。

不過，每次回想這段經歷，我也不免感到懷疑。

「小考都考二、三十分的人，怎麼可能會努力讀書？」

簡單來說，要相信自己做得到，才會想做。

但當時的目標是如此困難，我又怎麼相信自己做得到？我在另一段經歷中，意外找到了這個問題的答案。

我在前面也稍微提過，我從小學四年級當直排輪選手。當時，本來只是當興趣，直到加入社團，我才成了直排輪選手。

當時，我們有六個人，我一直是倒數第一或第二的選手，裝備普通、成績也不好。有些同學的配備很高級，也有些同學不僅滑得比我快一、兩秒，體格也很好。我討厭輸，更討厭被人瞧不起，因此寒暑假我拚命練習。當時，我在釜山的社稷球場[2]練習，同學們滑十圈，我就滑十五圈，全心全力投入練習。

之後，我的成績慢慢提升到第三名、第二名。一年後，我成了全校表現最好的選手，甚至在釜山市直排輪大賽拿下銀牌。

這是我人生第一次靠自己逆轉結果。

多虧了這段經驗，讓我相信，只要努力，沒有做不到的事；努力可以創造出不一樣的結果，而這份信念同樣也能套用在讀書上。

為了寫關於讀書的書，我訪談了許多人。我發現，曾是運動選手，後來才開始讀書的人，往往能在短時間內取得顯著進步。我原本以為是因為他們的體力、韌性和毅力本來就很好，但其實更重要的是——**曾經完成某件事的成就感**。

即使你現在擅長的事和讀書完全無關，也沒關係。就算是讀書大敵——玩遊戲也行。在我訪談過的學生當中，有非常多人曾經沉迷遊戲，後來卻在短時間內提升成績。他們的祕訣，就是憑藉著過去成功的成就感。

所以，請放心回想你最擅長的事吧！回想自己如何上手，閉上眼睛，好好回

2. 座落於釜山廣域市，於一九八五年啟用，並於二〇〇六年將草皮換為天然草皮，是目前韓國職棒主要的比賽場地之一。

味那份成就感、努力的過程。

我想，答案就在那裡。你一定能像當初一樣，做好眼前的事。

改變，從摺棉被開始

聽完這些故事，也許有的讀者會想：

「我怎麼想都想不出來，好像從來沒達成任何目標。」

當然有可能，不過也沒關係。接下來，我要分享就算沒有任何成功經驗，也能使用的方法。

那是我成年以後的事了。二〇一七年，也就是我二十五歲、大學四年級[3]的那一年，我第一次創業。不過，不到兩年就欠下約韓幣一億元（按：全書韓元兌換新臺幣之匯率，以二〇二四年十二月臺灣商業銀行公告之均價〇．〇二一元計算，約新臺幣兩百一十萬元）的債務。

每月必須償還四百萬元韓幣（按：約新臺幣八萬四千元）債務，因此我拚命接家教工作，也以分享讀書祕訣到全國各地演講。除此之外，還得認真上課，補修學分。當時真的恨不得一天有四十八小時。

儘管我拚命工作還債，但仍看不到未來，眼前彷彿一片漆黑。於是，我開始怪自己為什麼這麼沒用。隨著時間過去，我變得無精打采，提不起勁；什麼事也不想做，不和其他人碰面，每天過著逃避現實的生活。

當時的我，選擇放棄一切、逃離那個環境，而不是加倍努力。明明有很多事要做，我卻每天昏睡或酗酒，因為清醒時最痛苦。

直到某一天，我偶然在YouTube上看到一部影片，上面寫著一句話：

3. 譯注：韓國目前仍是徵兵制國家，成年男性必須當兵至少十八個月。大部分韓國男性為了在大學畢業後馬上就職，會於大學期間休學當兵。除此之外，大學生休學去實習、國外進修等情況也不少。因此大三、大四年紀偏大是很常見的事。

「想改變世界嗎？就從每天摺棉被開始。」

這個影片是美國海軍上將威廉・麥克雷文（William H. McRaven）的演講片段，麥克雷文曾任美國海軍的特種作戰司令官，負責指揮刺殺九一一恐怖攻擊主謀賓拉登（Osama bin Laden）的任務，因此成了美國國民英雄。

這句話讓我想起小時候媽媽常說的話，一開始我滿是疑惑，但看完接下來的影片，我這才明白了他的意思。

他說：「如果每天早上整理床鋪，那就是完成當天的第一道課題。這會帶給你小小的自豪，以及完成下一道課題的勇氣。當一天結束時，原本只完成一件小事會變成好幾件事。由此可見，整理床鋪這樣微不足道的小事，在人生中其實扮演著很重要的角色。如果你連微不足道的小事都做不好，絕對做不好大事。」

接下來那段話，讓我熱淚盈眶：

「即使你今天過得很糟，回到家裡，至少能看到整齊的床鋪，而這會給你相信明天會更好的勇氣和鼓勵。」

那場演講讓我明白，我現在應該做什麼，以及如何克服當下的困難。我想那場演講的意思是，如果想成就大事，就得從基本做起，連基本都做不好，就做不了大事。但換個方向想，即便是難以克服的狀況，也可以從一些小目標開始、反覆執行，然後實現。在實踐的過程中，所獲得的成就感，將成為實現下一階段目標的動力，同時也給予你相信自己的勇氣和信念。

從那天起，我決定不再逃避現實，也不再對問題坐視不管，我下定決心要逐一克服困難。此外，我還仿效麥克雷文將軍，一早起床整理床鋪的習慣，列出每天起床後必須完成的五件事。

這五件事都很簡單，人人都可以輕鬆做到。

第一，起床後立刻摺被子、整理床鋪。第二，進廁所沖澡。第三，雖然當時住的是小套房，我仍決定沖澡後馬上用吸塵器打掃房間。第四，坐在書桌前。第五，在手冊上寫下今天要做的事，並讀三十分鐘的書。

雖然這些都是小事，但我還是做了一張待辦清單貼在大門上，每天確認進度並如實記錄。

一開始我也懷疑，這麼簡單又微不足道的事真能改變人生嗎？

但一天天確認自己完成的事項後，我的日子出現許多改變。

一想到自己一早就完成了五項目標，不禁覺得「我很厲害」、「今天一定也能像早上一樣順利」，一出門就充滿自信心。而那份自信又成為驅使自己完成今日重要事項的動力。

從看完演講影片的那天起，我終於慢慢脫離羞愧或悲慘的泥沼，扭轉了死氣沉沉的日子。我更努力工作還債，善用每分每秒鑽研學業。後來，我拿到大學的書卷獎，還豁免整學期的註冊費，原本看不到盡頭的債務似乎也快還清了。

此外，我還完成了一本著作——《讀書大師全攻略》（書名暫譯），因此獲得了暢銷作家的頭銜。

就如同我的親身體驗，人生中的改變往往起於比我們想像中更小的地方。很多人認為想改變，就必須從大事開始做起，並質疑小事能起什麼作用。

但其實，這種想法也許有些過於焦急。因為越想大刀闊斧，有時反而看不到任何改變。第一天可能充滿幹勁，心想一定要完成目標，但意志力逐卻消失殆盡；也可能真的做了之後，才發現跟自己原先想的很不一樣，或是事情沒有這麼簡單。

想達成目標、開始改變，就應從各位認為真正必須做的小事著手，實現「小」目標、累積「小」成就感。

接下來，我想分享一項習慣，馬上就讓大家創造一個小成就。

首先，決定早上起床後或一天之中，必須完成的三、四件事，並感受完成後的那份成就感。要注意的是，這些課題必須能輕鬆完成。目標設定得太難，就難以持續做到。即便沒有完全做到，也請稱讚鼓勵自己，肯定已完成的一、兩項。

每天早晨起床後，摺被子、讀書、訂定計畫，然後對著鏡中的自己，感受自己是多麼有能力、多棒的人。

日復一日，你心中總有一天會產生勇氣，幫助你克服所有障礙。

動力不是doing，是being

各位喜歡玩遊戲嗎？小時候我非常喜歡玩遊戲，從RPG[4]角色扮演遊戲、戰爭遊戲，到射擊遊戲、足球遊戲等，幾乎樣樣都玩。明明也沒有特別厲害，但就是玩不膩。

當然會有部分差異，不過大部分我們玩的遊戲，新手都能輕鬆上手。不僅聲光特效十足，所有畫面都會跳出簡易的操作說明、教戰守則；只要按照說明慢慢體驗遊戲，自然累積經驗值，一步一步提升等級。

即使玩家並沒有特別厲害，也會跳出「太棒了」的視窗；遊戲教學結束後，還會給兩、三道人人都能完成的簡單任務。輕鬆完成任務後，不僅能拿到獎勵，也能提升等級。一、兩個小時後，玩家不知不覺就快速升等。

多玩幾次之後，接下來的任務也沒那麼難了。有時，一登入畫面會寫著「每天上線就送新道具套組」，於是玩家便每天認真上線玩遊戲換道具。

結果，我們越來越沉迷於遊戲。

以上是玩大部分遊戲的共同點。

不過，其實還有兩個驚人祕密。一是遊戲一定會拋出「遊戲真的很簡單，輕鬆上手」的訊息，二是讓玩家相信只要自己認真玩，就算沒天分也都能持續升等，累積經驗並獲得獎勵。

簡單來說，遊戲讓大家相信，不管自己是否具有天分，一定都能享受遊戲。這也就是為什麼遊戲比讀書有趣多了。讀書的過程往往不簡單，而且無法保證會變聰明，但遊戲卻向我們保證——這非常簡單，有玩，等級就會提升。

而學習顧問能夠讓學生獲得成就感，堅信自己能做得到，正是因為我理解遊戲吸引人的原理，並知道該如何讓人維持和鞏固正向的心態。

我在演講或YouTube頻道接觸家長時，經常聽到這樣的話：

---

4. Role-playing game的縮寫。

「○○最近好像喜歡讀書了！」

「以前不管我怎麼唸，書連看都不看的孩子，現在都不用我叫，自己就會坐在書桌前讀書。」

每次聽到這種話都十分好奇，學生怎麼會突然開竅愛上讀書？有什麼特別的契機或產生動力的方法嗎？過了好幾年，我終於得知答案。

無論是因為不得不做，或有人從旁協助，又或者是媽媽答應做到就會買禮物，只要某天讀了書，突然發現平常不會的問題居然解開了，看不懂的英文句子突然看懂了，這時讀書自然會變得有趣。如果成績也一併提升，這些孩子以後不用別人叫，自己就會主動讀書。

以前可能會想「做了也不會成功」，但現在卻感覺自己越做越厲害，彷彿正在完成某種成就，自然就有了動力。

換句話說，一開始覺得很難或不可能做到的事，一旦體驗到小成功、小成就，我們的想法就會有所改變。別人或許會認為這些成就沒什麼了不起，但對於當事者來說，卻會產生莫大的力量，這個魔法就是「小成功」的力量。

有些人說，只要人夠渴望，就會認真去做。但我卻不這麼認為，渴望並不是說有就有的心態。這其實是視情況、時機、心態等各種複雜因素交織而成的結果，它不是原因，而是結果。

就像專心並不是我「主動」專心，而是自然而然「進入」專心狀態。想讓自己專心，就得消除妨礙專心的因素，或明確指定必須完成的範圍。

總歸一句，這不是自己能夠主動做到的，而是自然進入一個狀態。

人們經常誤會賦予動機這件事。各位讀者中，也可能有人不想讀書，於是在YouTube上尋找如何產生動力的影片。我自己不想讀書時，也會尋找專門訓人的影片，或其他人的錄取心得。雖然這些影片確實有助於讓自己上緊發條，但那份動力終究是暫時的。幾天後，熊熊燃燒的鬥志一消失殆盡，我們又會開始躺在床上玩遊戲。

我自己也嘗試過各式各樣的方法，但最終帶來持續穩定變化的只有——不管多或少，只要自己成長或有成就，並且認知到這一點，變化就會開始。

真正能夠持續維持的動力並非由他人「賦予」，我要再次強調，**動力並不是主動（doing），而是自然進入（being）。它不是原因，而是結果。**

看到這裡，你可能會反問：

「難道只有那些成績提升、取得成果的人，才會有動力嗎？」

當然，成績提升是增添動力最可靠的方法，但要是一開始努力就有好結果，我們也不需要在這邊煩惱了。其實，我採訪過的那些學生，大家的起跑點都和各位一樣，甚至情況更糟糕的都有。大家都曾經歷過努力卻得不到回報、落選、失敗的過程。

就像我在前面提到的，接受憂鬱症治療，我重新回到學校後，成績依然沒有起色，反而更糟。但我沒有被打倒，因為我很清楚不可能一步登天，重要的並不是眼前的好成績、好排名。

我的目標只有一件事——今天比昨天好，明天比今天好。我把重點放在自己的努力、實力是否每天提升。

我設立所有可量化的標準，就像在玩遊戲一樣，可以明顯看到自己的經驗值和等級提升，評估自己課業和努力是否持續提升。

一開始，我只選擇可以完全靠意志力執行並控制的指標。例如：

①選擇付出努力的「量」，而非考試分數等指標。

②為了確認自己每天是否花更多時間專注在讀書上，我訂定了每日目標，讓自己每天比前一天多讀一分鐘。

③利用碼表測量每天讀書的時間，並且記錄下來。

如此一來，即使一開始很難一次讀上兩、三小時，過一陣子後，讀書的時間就增加了。寫在計畫本上的讀書時間迅速增加，每當親眼見證自己的成長，就像在遊戲中升等一樣，令人感到無比痛快。

養成讀書習慣後，我開始**記錄一小時內能解出多少數學問題、能背出多少英文單字等，所有能用數字確認的指標**。有時可能比前一天差，但看到自己比上個月或前兩個月成長，就不想就此停下來。

無論是什麼樣的成長，都同樣重要。

舉例來說，假設原本背十個英文單字需要三十分鐘，某天卻只花十五分鐘。又或者，以前單槓一個都吊不上去，後來終於成功。只要是自己破繭而出，所有成就都是小成長、小成功、小成就。每個人都會在生命中經歷這些成長及成就，並且在不知不覺積沙成塔。

但不動手記下來，我們就會忘記。包括我在內，許多在短時間內提升成績，或是在課業上取得一定成果的學生，都可以運用此原則來提升自信與自我效能感。如果真的想維持「我能做到」，甚至更進一步，讓自己想要繼續做下去，就必須時常記錄自己的小成就、小成功，反覆提醒自己多麼有能力。

所以，現在馬上拿出筆記本寫吧！寫下今天什麼地方比昨天更好，希望明天什麼地方比今天更好，每天衡量並記錄這些進步。

無論現在你的等級是一或十，都要記錄從一變成二、十變成十一的時刻，不知不覺中，你會發現就變成九十九了。

「克服不了每一天恐懼的人，
根本連人生第一道課題都沒開始破解。」

——美國心理學家／威廉・詹姆斯
（William James）

Chapter 3

當我愛上
讀書的時刻

「你為什麼讀書？」

就讀首爾大學時，正值考試期間的某天，中央圖書館前貼了這樣的海報。海報前貼著一堆小便條紙，還有一支筆。經過海報前的學生們，紛紛寫下各自讀書的理由。

我出於好奇看了看，答案五花八門。

「其實也沒什麼明確目標，只要課業跟上就好。」

「聽說上大學可以交到女朋友……。」

「想成為世界上耀眼的光芒，溫暖照亮全世界。」

「沒有比這個更好的選擇。」

「為了尋找人生為何而活、該如何生活才不會後悔。」

「想活出對他人、對自己都有意義的人生。」

每個人都有不同的見解和原因，但其中一個答案最吸引我。

「為了將來能學以致用……。」

人為什麼活著？

前面也提過，我為了成為解決戰爭問題的外交官，因夢想的責任感促使我開始認真讀書。即使夢想讓我感到艱難、厭倦、疲憊不堪，甚至想要放棄，但正是這份夢想讓我重新振作。

夢想一詞虛無飄渺，我也不是馬上就找到夢想的答案。其實所謂夢想，小時候常常聽到，不過越認真思考，夢想反而離自己越遠。

我認為，**夢想是熱愛並認真思考自己人生態度，才能開花的果實。只有珍惜、愛自己與自己人生的人才能作夢，才能實現夢想。**

在尋找夢想以前，我們必須先具備一種心態，才不會不輕易浪費人生光陰。接下來，我要告訴各位這究竟是什麼樣的心態，以及它又具有什麼樣的力量。

故事要追溯到我國中二年級。

陽光越發炙熱的某個夏日，那天晚上我正在讀自然，為接下來的考試準備。當時我習慣在深夜讀書，現在看來真是不好的習慣。

那天深夜，我一如往常的偶然望向窗外，不小心目擊住在同個公寓的鄰居正試圖自殺。我從未看過任何人死亡，這一幕給我帶來了很大的衝擊。我急忙叫醒正在睡覺的爸媽，爸爸報警後，事件才告一段落。

幾乎整夜未眠的我隔天上學，回家後太累，倒頭就呼呼大睡。到這裡為止，其實並沒有太大問題。睡了一覺起來，前一天的衝擊已稍稍減緩，再加上還得趕緊準備考試，因此我依然去補習班和圖書館，就像什麼事都沒有發生過一樣，幾天後的考試成績也不差。

但考試一結束，忙碌的生活得以喘口氣後，那天晚上令人衝擊的場景又逐漸浮現在腦海中。每次聽到「死亡」，或是在電視上看到和死亡有關的字眼，我開始感覺憂鬱，甚至突然掉淚。

親眼目睹他人結束生命的那一刻，讓我不禁思考，有一天我也會面臨死亡，我父母、好朋友終究也會和我告別，這似乎很理所當然，但此刻卻突然讓我覺得死亡離自己如此接近。

我們總認為，每天早上睜開眼，能見到親愛的家人、好友是理所當然的事，然而死亡卻讓我領悟到人生無常。

這份感觸逐漸讓我陷入疑惑。我開始懷疑自己的努力，想實現的目標都像一場空。

當時，我正好在學天文學，課程提到了宇宙起源、組成要素，以及一百四十億年來的演變過程。我曾以為人類是世界中心，這才明白在浩瀚的宇宙中，人類是多麼渺小。就在我有了如此深刻的體悟時，又碰巧遇到那樣的事件，自然更讓我感嘆人生。

大概就是從那時候開始，我一直被困在「為什麼我要活著」。即使我想努力做些什麼，心中卻充滿疑問和不安感。我開始感到害怕、不舒服，甚至想要逃避。每當出現這樣的想法，我也努力試著轉換想法。

在別人面前，我必須假裝自己沒事、一切都很好，但這樣的偽裝，讓我感到很累。升上高中後，那股疑惑和恐懼，加上「做了也不會成功」的絕望感，還有交友關係的煩惱，最後爆發成憂鬱症。

患上憂鬱症後，我開始定期看門診，接受藥物治療。醫生後來推薦我看意義治療大師維克多．弗蘭克（Viktor Emil Frankl）的《活出意義來：從集中營說到存在主義》（*Man's Search for Meaning*）。

維克多．弗蘭克是第二次世界大戰中從納粹集中營倖存的少數囚犯之一，也是一名精神科醫師及心理學家。他多年研究人們的內心創傷並提供治療。這本書是弗蘭克以他在波蘭奧斯威辛集中營被囚禁時所見所聞寫成的心理學作品，更是現在許多成功人士的必讀經典作。

弗蘭克調查第二次世界大戰結束後，從集中營絕望與死亡恐懼中倖存的極少數囚犯，發現了一件驚人事實。這些倖存者不算太健康、狀態也不怎麼好，但他們的共通點是：擁有「必須活下去的理由」。結果，倖存下來的並非肉體生存條件佳的人，而是有明確生存目標的人。

換句話說，精神層面良好，才活得下來。就像弗蘭克下定決心要活下來與妻子重聚，那些從集中營倖存的人們也都有各自必須活下去的明確目標和理由。

針對這個情況，弗蘭克引用哲學家尼采（Friedrich Wilhelm Nietzsche）的話：

「一個人知道自己為什麼而活，就可以忍受任何一種生活。」

他也表示，活著就是熬過這些考驗，為了活下去，也必須在這些考驗中找出意義。

讀著弗蘭克的書，我才明白現在自己最需要的，是找出自己必須活下去的明確理由和人生意義。

這是我第一次想，人生僅有一次，比起進入明星高中這類表面目標，尋找真正想實現的目標，才是更重要的事；第一次想，以後不要因為別人叫我讀書而讀，而是要為實現自己真正感興趣的事，為人生增添意義，讓自己幸福而活。我開始直視問題。

「我為什麼要活下去？」

「我為什麼要讀書？」

倘若找不到這些問題的解答，我知道自己一定無法再次成功。但是，年僅十六歲的少年想找出人生為何而活、為何讀書，談何容易？

直到某天，我偶然在書中找到一絲希望。那是韓國詩人柳時和[1]在《如果當時明白》收錄奧地利詩人里爾克（Rainer Maria Rilke）的一篇箴言，標題是〈給青年詩人的信〉（*Briefe an einen jungen Dichter*）：

「心裡解不開的所有問題，就忍耐吧！去愛那些問題吧！別想馬上獲得解答，因為不可能馬上找到答案。重要的是去經歷所有一切，去經歷所有問題吧！那麼，在遙遠未來的某天，生命會在不知不覺中帶給你解答。」

多巧妙的回答！人生意義，其實大人都不太明白，年僅十六的我，找不到答案也是理所當然。這個問題打從一開始就問得不好。不過，也並非毫無頭緒，在漫長的思考過程中，我領悟到一件事。

「正因生命有結束之時，所以珍貴。不是因為所有人都會死，人生就沒有意義。正因有死亡，所以應該珍惜至死之前的生命，認真活出精彩人生。」

這是我走過那些低潮時期的寶貴心得。後來我下定決心，不再浪費自己擁有的每一天、每一小時。

俗話說：「**你所浪費的今天，正是昨天死去的人奢望的明天。**」

回想那些低潮，我終於明白當時對人生的疑惑，是因為沒有好好珍惜人生。雖然我一直很努力，但那不是真正的拚命，只是副空殼罷了——只是因為「別人也做」、「為了不輸給別人」而努力。

當初想考出好成績、上頂尖大學，也都是如此。

經歷這些之後，我下定決心不要讓自己後悔。我決定要為自己認為有意義、

1. 譯注：一九五九年出生的韓國男詩人，柳時和為筆名。

珍惜的事而活。

時間的三道名字

各位讀者，你知道自己擁有的東西什麼最多嗎？甚至遠多於你們的父母、世界首富[2]伊隆．馬斯克（Elon Musk）或三星電子李在鎔會長。

你猜到了嗎？就是「時間」。

拿出巨額現金也無法交換，再渴望也無法挽回逝去的時間。不管你有沒有善用，時間仍會不停流逝，也無法儲存備用，這就是時間。如果我們將人生看成一道問題，那麼時間無法倒帶，便是這道問題的第一個條件。

只有在領悟到某件事物的稀有性後，方能明白其珍貴。我也是經歷一段艱辛歷程後，才明白時間並非無限，並決心不再虛度人生光陰。

要是現在有人問：「為什麼那麼認真過生活？」我一定毫不猶豫回答那是因為，我明白了時間的重要性。

於是，我開始研究如何善用時間並重新定義時間，取了另外三道名字。

第一，**時間的另一個名字是「可能性」**。

每個人都擁有相同的時間，也就是擁有在一段時間內創造一切的可能性。令人難以相信的奇蹟、發明，甚至是歷史悲劇，都是在「時間」這個可能性下發生的。

換句話說，**每個人都擁有相同的時間，也就是相同的可能性**，有人只是白白浪費，有人卻能改變歷史。

因此，我決定要填滿一〇〇%，不，是二〇〇%的「可能性」。從那時起，時間再不是物理流逝的時間，而是每天賦予我的嶄新機會，是實現夢想，以更有意義方式應用在世界上的「可能性」。

反過來說，迎接每個新的一天，表示我們總有新的機會與可能性，我也明白

---

2. 二〇二二年的世界首富。

今天不順利，並不代表明天也會如此。

第二，**時間的另一道名字是「影響力」**。

每個人都免不了要和他人建立關係，並以自己所屬的家庭、組織、社會的一分子生活。因此，不管是哪個層面，我所花費的時間都會影響到他人生活，也是他人的時間。

例如，萊特兄弟（Wright brothers）研發飛機的數年間，讓人類的移動時間減少數千年；蘇格蘭生物學家亞歷山大·弗萊明爵士（Sir Alexander Fleming）發現青黴素，則拯救了幾十萬病患短至幾年，長至幾十年的時間。

除此之外，許多醫生、科學家每分每秒，都在拯救瀕死的生命；為阻止氣候變化，科學家們正努力拯救地球的未來。而許多作家、藝術家所投入的時間，則讓我們的生活變得更多彩多姿。

即便是影響力沒這麼大，YouTube影片中的演員、歌手、網紅等，也讓某些人的時間充滿笑容或淚水；家裡附近餐廳的主廚，也用他們的時間為人們的一天創造出難忘的回憶。另外，對你具有最大影響力的人，也就是父母，他們所投入的時間，創造了我們現在的「時間」。

所以，同樣的，你的時間也代表你帶給他人的影響力。

你對他人帶來的影響，將決定你的人生。而每個人的時間裡，都藏有足以改變世界和他人生命的力量。

時間的最後一道名字，是「記憶」。

現在的我，是過去生活的累積；未來的我，則是當下所創造的回憶的延續。所以，「要怎麼過生活」，也等於問：「我要放下哪些回憶？」

這些回憶包括了我的夢想，還有我喜歡與想做的事、我的興趣、我的親友，以及其他人的時光等。我們通稱這些為「價值」。哪些對我的人生有價值、我要投入多少，將決定未來我們能否說出自己「過得很幸福」。

總之，時間是給予夢想的嶄新可能性、是對他人的影響力，也是承載珍貴事物的記憶。

基於這樣的理解，「要怎麼生活」這個問題可以改成以下三種問法：

「你要如何填滿每一天的嶄新可能性？」
「你要如何影響他人生命？」
「哪些價值對你很重要？」

我想一項項回答這些問題。我決定要激發自己的無窮可能性，帶給他人正面影響，為了自己認為有意義、寶貴的事物而活。

你的時間也是一樣，有無限可能性、有讓世界變更美好的影響力、有讓記憶充滿價值的機會。

希望大家一定要盡情享受這些寶貴時光，不要虛度寶貴光陰。

別管那些笨蛋怎麼笑你

高中時，國文老師給我們看了一部外國電影，叫《春風化雨》（*Dead Poets Society*），這部電影更加鞏固了我的決心。在片中，還能看到美國知名演員羅賓・

威廉斯（Robin Williams）的好演技。

故事發生在美國明星高中威爾頓預科學院，該校有七〇％的學生能考進常春藤盟校（Ivy League）。所有學生都必須住校，並接受學校的嚴格管理。校方和家長的唯一目標是考進頂尖大學，學生們則是對自己的夢想漠不關心，只以背景顯赫的父親為榜樣，立志進入醫療、法律、金融界。

然而，基廷（John Keating）老師的到來，讓這一切都改變了。

基廷是該校的畢業生，同時也是牛津大學的學生。

他獨特的教育方式吸引了學生。在教授詩歌導論時，基廷認為以往的詩歌解析課本根本是垃圾，於是要求學生撕掉。在課堂上，他甚至站在書桌上。

他告訴學生，必須用遠大且多樣角度看待世界，不要只為了父母或學校的期待努力考上頂尖大學，而是要由自己規畫人生，並朝目標前進。

學生們一開始都對他奇特的教育方式大感驚訝，但也逐漸受他的教誨啟發，開始改變自己的人生。主角尼爾培瑞（Neil Perry）偶然發現基廷在學時曾加入過的「死亡詩社」，一個討論古典文學的小組，於是他也和當年的老師一樣，和同學們在深夜偷偷溜出宿舍，到深山裡朗誦詩歌，盡情揮灑青春。

可惜的是，電影最後以悲劇告終。

本想成為話劇演員的尼爾，因為希望他念哈佛大學、當醫生的父親起了衝突，最後尼爾選擇自殺。校方將尼爾的死亡及學生們創立「死亡詩社」的責任全都轉嫁到基廷身上。他為了負起責任，最後離開了威爾頓。

這部電影的結尾尤其令我印象深刻。基廷最後到教室和學生打招呼時，校長已經事前警告孩子們不要做出反應，但學生們仍對基廷喊：「噢，船長，我的船長。[3]」包括我在內，很多同學都為這幕流下眼淚。

到現在我都還記得，當時班上同學看這部電影的表情，就連平常播電影時會戴上耳機自習的同學，也都很認真的觀賞電影。我想，也許是大家在電影中看到自己的影子了吧？那個變成被動讀書機器的自己。

《春風化雨》裡有兩句臺詞，令我印象非常深刻。

第一句，我想看過這部電影的人應該都會記得，基廷帶學生去擺滿校史資料、學長姐的照片及獎盃的地方時說過的話。

「聽聽看那沉默的聲音，你們沒聽到他們說『Carpe diem』嗎？我們人終將一死，趁著還來及，趕快去採摘你的玫瑰花蕾，去活出自己的人生，好讓自己的生命不被遺忘。」

這裡的「Carpe diem」大概就是我們說的「活在當下」。不過，另一句臺詞我更有共鳴。基廷告訴那些不知該選擇自己夢想，還是父母親期待道路的學生：

「別走他人的路，要走出自己的路。相信自己夠特別，不需要跟著其他人走。邁出自己的步伐，走出自己的路吧！別管那些笨蛋怎麼笑你。」

3. 《噢，船長，我的船長》（*O Captain! My Captain!*），是美國詩人瓦爾特・惠特曼（Walt Whitman），為紀念美國總統亞伯拉罕・林肯（Abraham Lincoln）之死而作的著名詩篇。

幸福，沒有門檻

看完電影後，我終於明白自己經歷低潮期的另一個原因。因為我並沒有好好珍惜生命、沒有好好過自己的人生。

雖然我努力過了，但那並不是真正的拚命。那段時間只是「因為別人也做」、「為了不輸給別人」而努力。我只是跟著其他人走，滿腦子想的是該如何贏過別人。其實，那根本不是在走自己的路。

距離《春風化雨》首次上映[4]已經三十多年，但這部電影仍是許多人心中的經典作，我想原因應該就在於，很多人無法邁出自己的步伐，過不了屬於自己的人生，尤其韓國更是如此。社會上有既定，或是大人認定的成功公式，很多人都必須照著這些走。

在國高中時期，無論你願不願意，都必須——別想東想西，乖乖專心讀書。我們甚至沒機會思考為什麼，就不斷被要求認真讀書，並考出好成績。我想這應該就是我曾經，還有大家莫名抗拒讀書的原因。

那又為什麼會有這種現象？這問題其實有點錯綜複雜。

不過，我非常贊同韓國廣告文案寫手朴雄炫在《八個關鍵字》一書中所提到的一段內容：

「上了小學，馬拉松就開始了。小學開始不斷超前學習，接下來得升上知名國中。在那之前，先把幸福放一邊去。上了知名國中後，大概會開心三天，然後再次把幸福放一邊，為了考上特目高[5]而努力讀書。考進特目高（特別目的高中）後，又為了將來考上首爾大學，再次把幸福拋諸腦後。進了首爾大學後，就

4. 一九八九年，彼得．威爾（Peter Weir）導演的電影。
5. 譯注：特殊辦學目標高中，指的是特別注重某些科目的高中，例如以科學領域見長的科學高中，以外文見長的外語高中等。這些高中通常需要另外進行甄試，入學標準較一般高中門檻高，被視為菁英學校。以栽培體育、藝能人才為主，雖有分公私立，入學也需審核，不少未成年的練習生或藝人，都是就讀這類高中。

為了將來畢業進入大公司、晉升職等、升上高階主管、買更大的房子，不斷把幸福擺旁邊去。慢慢的，你就六、七十歲了。**如果你不替當下、現在這一刻賦予意義，最後幸福只能在生命結束時出現。**」

包含我在內，許多學生都是這樣的。很多人誤以為過了錄取頂尖大學這個「門檻」就能幸福。但如同這位作家所述，如果為了跨越門檻把幸福擺一邊，也許你臨終之前都找不到幸福。

也許有些人會懷疑，為了跨越門檻拚命努力，不就是最有價值的人生嗎？當然，我也相信有目標就是有價值的人生，但問題是那個目標可能不是真正的「我」。

長則十二年，短則三年，我們每個人都得參加名為「入學考試」的賽跑。有時不是我想跑，而是責任使然，不得不跑。因為其他人都在跑，我們擔心自己會比其他人晚抵達，甚至是跑不到終點線，所以不停的跑。

其實，**我們並不是為了自己真正想實現的目標而讀書，競爭變成了我們讀書**

的目標。

重點就在於，我們忘了自己的方向。在比賽途中，由於無法減速，我們通常也沒時間停下來思考或選擇。

最後，導致我們誤以為那個目的地就是自己想要的。在跨越「學測」最後一道欄架後，便依然照分數選擇大學或科系。夢想被分數決定，人生方向也不是由自我意志決定。即便心中不斷出現疑問，仍把眼淚往肚子吞，自己騙自己這是我想要的人生。

結果，最後就演變成渾噩度日。所以我下定決心絕不過這樣的生活。不要因為別人叫我做、不要因為別人說這樣比較好。我認為，如果二十歲之前不走出舒適圈，很容易會誤把他人期待當成自己的目標，將原先渴望的夢想深深埋在心底，一直那樣活下去。

人生主角就是我自己，沒人能替我過，也沒人能替我負責。所以人生之船不應假手他人，而該完全由自己掌舵。

這可是「我的」人生！寶貴，且僅有一次。

我們為什麼要讀書？

這時候你可能這樣想：

「我就是想認真讀書才買這本書，結果你叫我不要讀書？」

「所以，我們到底為什麼要讀書？」

好，我來回答。但我沒辦法直接說：「你們要讀書，因為○○○○○。」因為，我不希望我的書讓大家變成「讀書機器」，也不想事先設定好「必須讀書」的答案，然後湊出各種理由，比如為什麼我們應該讀書、讀書的益處。這不過是強迫你接受這個世界訂好的答案罷了。

大家的目標都不盡相同，因此讀書的意義也有千百種。無論其他人怎麼說，那些答案都不是你的選擇，也不是你的答案。讀書不是別人叫你讀，你就讀。

還有，十年前，或許「考上頂尖大學＝人生成功」的公式還管用，但今非昔比。以我自己周圍的同學為例，就算考上好大學、擁有人人稱羨的職業，也不是所有人都很幸福。

而且，更諷刺的是，單純為了考上好大學，假如沒有更深層的目的和理由讀書，當你精疲力盡時，反而容易放棄。因為其他人訂定的目標，並無法讓你重新站起來。

但這並不是說，就不需要認真讀書或考上好大學。真正重要的是：思考「為什麼我的人生需要讀書？」、「為什麼要做？」。

在這個過程中，你能否找到真正的理由。即便最後導出的結論是不需要，我也希望你至少不是直接放棄思考。

可以肯定的是，在實現夢想的過程中，讀書無疑能為你帶來知識與智慧。透過讀書，你將培養出耐性、韌性與自信心。除此之外，讀書的成就經驗，還能創造另一種自信的來源，這也是實現夢想的能力。

假使好不容易決定，在你們的夢想、人生計畫中，出現了「讀書」二字，我希望各位不要逃避，試著挑戰看看。

其實，煩惱讀書、成績、大學以前，都應先徹底思考「我要過什麼樣的生活」、「人生該往哪走」。

我相信你有充分引領人生的能力，千萬別照別人為你設定的道路走，也不要隨波逐流。希望各位往自己想要的方向，創造屬於自己的亮麗人生。

「只學習如何不跌倒，
你將不明白如何重新站起來。」

——日本精神科醫師／齊藤茂太

Chapter 4

一張表格，人生就定位

小時候在學校或家裡，每當爸媽或老師問「你的夢想是什麼」時，你都怎麼回答？

回想學生時代，我的輔導紀錄表上，「未來志向」的答案每年都不一樣。有時是警察，有時因為迷上日本動漫《名偵探柯南》想當偵探；看到其他電視劇又想當醫生、律師，甚至是總統。

所以，我的夢想，通常就是看我當時迷上哪部電視劇。

但我也經歷了青春期。

大概國中的時候吧？真的非常討厭大人老愛問我未來志向，而且也很討厭那些大人不給我們思考夢想的機會和時間，冷不防就問這個問題。即便每次故作姿態給出回答，當自己獨自一人時，不安與擔憂又浮上檯面。

「我的人生究竟該怎麼走下去……？」

雖然我裝作完全不在意，也不在乎人生怎麼走，但心底某個角落仍感到十分害怕。

面對自己不完全了解、未曾體驗過的事物時，我們都會感到不安。但我們仍然必須戰勝不安與害怕，走出自己的路。

如果不想迷路，就得搞清楚兩件事——目的在哪裡，以及怎麼去目的地。每次走新的路徑時，我們通常會用GPS定位系統（Global Positioning System，簡稱GPS）和導航軟體，確認自己的位置。不然，沒有地圖就去旅行，是不是光想就覺得很可怕？

我們的人生也是同樣道理，要減緩不安，只有一個方法——清楚知道自己該往哪去，並且每天都朝目標邁進。這種感受能讓我們將不安轉換為期待與希望。在我決定成為外交官之後，整個人脫胎換骨就是源自於此。

在茫茫大海中，夢想能替迷失的我們指引方向。

但光是這樣還不夠，即使知道目的地，若不知該如何前往，也很難邁出步伐。所以，決定夢想的目的地後，還要另外描繪一張夢想地圖。

眾所周知，這個方法就是美國職業大聯盟選手大谷翔平也在用的「曼陀羅思考法」（按：又稱九宮格思考法、曼陀羅九宮格思考法）。此方法由日本經營管理顧問[1]於一九八〇年代研發而來，它的出發點並不是「今天要做什麼」，而是由

「最終目的」逆向思考，細分出抵達目的地的道路。

簡單來說，就是**藉由建立小目標，幫助我們實現夢想**。

比方說，我把所有達成夢想所需的事物全都寫在紙上，然後每天睡前花一個小時整理思緒，寫成文字（請見第一一〇頁圖表4-1、第一一一頁圖表4-2）。

1. 擁有對人類及社會的基本知識及能力。
2. 擅長拉攏人心的領導能力。
3. 打造更正面的社會價值觀。
4. 口說、寫作能力。
5. 政治及外交（國際政治）的專業知識。
6. 體貼他人，優先考量他人的利他之心。
7. 保持身心健康。
8. 為了在國際上發聲，培養英語及第二外語能力。

接下來，為了實現這些關鍵目標，我又寫下了小目標及計畫，並且花費兩週思考，現在的我有哪些不足之處，已實現相同夢想的人們又具備哪些能力等。我不想再因徬徨不安而浪費時間。後來，我完成了計畫表。

曼陀羅計畫表，成了我的專屬夢想地圖，指引我該往哪條路走。有了它，我再也不用煩惱每天該做些什麼，只要把這些任務付諸行動。

經過兩年的努力，我終於完成計畫表上大部分的小目標。我按照計畫培養能力、累積知識，並且在過程中，加善了許多不足之處。

例如，我的罩門——領導能力或人際關係等。要是沒有這份地圖，也許我又會在中途迷路徘徊。但現在，我有明確的目的地，也知道該如何前進，我相信，只要一步一步踏實前進，就能到達終點。

如果大家在想像未來時也充滿不安，不妨試著讓未來變得具體可見吧！如果

1. 起源於佛教，後來被日本學者今泉浩晃轉化成為可系統化的九宮格筆記。

圖表 4-1 曼陀羅思考法，從主題設定小目標

STEP 1

寫下中心主題。

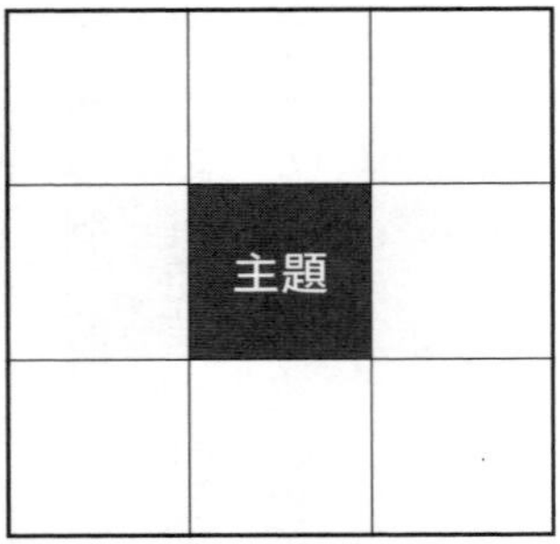

STEP 2

以放射狀完成九宮格。

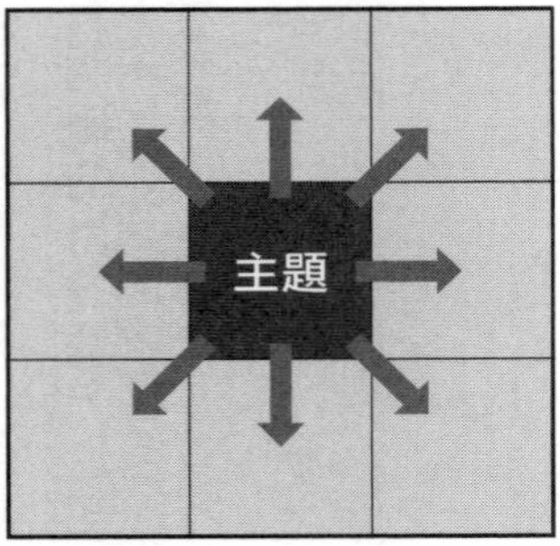

STEP 3

衍生出第二層。

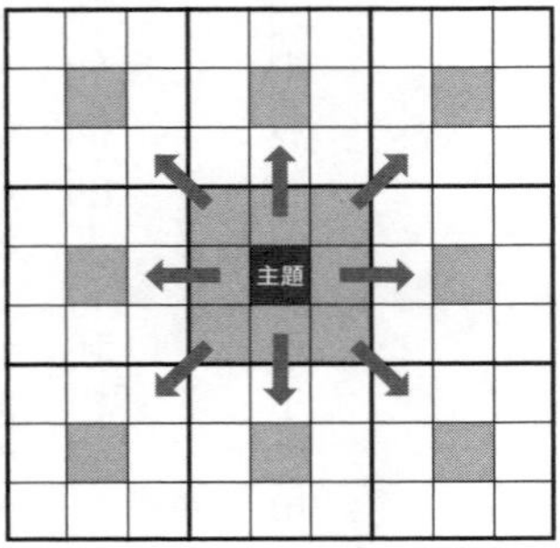

圖表 4-2　先建立目標

每天花一小時練習英文聽力（電影、新聞、書籍）	每天背 50 個單字	記錄不懂的字	數學在校成績提升至第四級	社會成績第一級	國文成績第三級	每週參與學習指導活動	真心待人	記下感謝的事
在大學交外國朋友	學英文	TEPS 測驗 800 分	先寫好自我介紹	考進首爾大學政治外交系	考完試一定要檢討	加入國際特赦組織社團	正面影響力	同學問問題時要好好教對方
記錄不懂的文法	抄寫喜歡的英文句子	每月看一篇無字幕電影	確實完成論述型作業	選定研究主題並研究	查詢學校網頁	當學校出現問題時，和同學一起解決	睡前想像自己想打造的世界	存零用錢做善事
參加辯論社團	練習心平氣和辯論的方法	碰到不懂的字就查詢	學英文	考進首爾大學政治外交系	正面影響力	創立政治外交社團	參加國際人權社團	和外交學系學長姐見面
看演講影片	培養口說／寫作能力	閱讀書籍／論文後每月寫一本探索報告	培養口說／寫作能力	成為促進東亞和平的外交官	鑽研更多關於夢想的內容	參觀外交部	鑽研更多關於夢想的內容	每月讀一本外交領域論文／書籍
多聽少說	完成學校的寫作作業	抄寫自我介紹的文句	累積知識	培養領導能力	健康身心	和外交官見面	參觀首爾大學政治外交系	每天摘錄報紙國際版新聞
認真上課	每月閱讀一本歷史書籍	每月讀一本哲學書	禮讓別人	說話之前先考慮 3 遍	先主動打掃房間／教室	每天記錄一件自己做得好的事	不吃宵夜	每天跳繩 30 分鐘
不懂就積極發問	累積知識	課本有不懂的內容就要搜尋	當學生會會長	培養領導能力	每天稱讚同學一件事	一週踢 5 次足球	保持健康身心	讀書時保持良好坐姿
每天讀書 30 分鐘	積極參與校外人士的演講並做筆記	每一季閱讀一本關於科學、技術的書籍	踢足球時不迴避擔任守備位置／守門員	閱讀領導能力的書籍	不打斷同學的話	少吃外食、氣泡飲料	每天睡足 6 小時以上	每天冥想至少 10 分鐘

你只是眺望所謂夢想的山頂，將永遠到不了山頂。為了爬上山頂，不管是放梯子還是坐電梯、走樓梯等，總是必須付諸行動。

請畫畫看一幅夢想地圖，放上你的專屬梯子。

當你付諸行動時，不安就會轉換為期待、悸動。這份期待會驅動你邁出今天的一步，明天再邁出一步，讓你一直走下去。

大便還是大醬，吃了才知道

不知道各位會不會這麼想？

「老師，我對夢想沒什麼信心。」

「我的夢想太多了，很難選。」

我非常能理解這種心情。其實，我也曾經如此。決定夢想後，沒有人可以保證永遠不會改變，甚至當夢想實現後，也可能和你想的不一樣。

正因為如此，我們必須更靠近夢想。但探索夢想唯一的方法，就是親自去嘗試，就像韓國俗諺說的：「是大便還是大醬，吃了才知道[2]。」

決定夢想後，我首先著手一件事。這件事也是我克服憂鬱症，重返校園努力學習的最大動力。

完成夢想曼陀羅計畫表後，我便開始研究政治外交學，盡量在最前線體驗外交官的工作。因為，我想實際了解這份夢寐以求的工作。

然而，這並不容易做到。因為高中既沒有相關課程，只能靠自己閱讀專業書籍，周圍也沒什麼可以請教的人，我只能一個人苦思煩惱。

有一天，我和朋友聊到這個問題，他說：

「我也想念政治外交，但我父母希望我讀商學院或考警察大學，他們總說這樣以後會比較穩定。一開始我完全聽不進去，但我也很擔心，不知道自己以後會

2. 因韓國的傳統調味料大醬顏色和濃稠狀態非常像大便，才有這種說法。

不會後悔，不知道自己的選擇是否正確。」

我才發現，原來許多同學和我一樣，對夢想和未來出路抱有許多擔憂，所以我決定和大家一起探索夢想。我和志同道合的人創立了一個社團，一起討論政治外交、分享彼此的夢想，並嘗試各種活動體驗，互相激勵。

接著，我馬上付諸行動，在校園各處張貼招募社團成員的海報，每晚穿梭在宿舍尋找志同道合的夥伴。找到兩名成員後，我們開始列出想做的事情，讓夢想逐漸具體化。

1. 與外交官見面。
2. 拜訪外交部。
3. 參觀首爾大學政治外交系。
4. 以戰爭或領土紛爭為主題，舉辦辯論會。

列出上述計畫，讓我們瞬間內心澎湃、激動不已。不過，出乎我們意料的是，對政治外交感興趣的人並不多，最後只有五位成員。

雖然我們會一起讀書、討論，但人數還是太少。而且，由於我們每天都待在宿舍、生活圈太狹窄，討論很難激盪出火花，成長幅度也相當有限。久而久之，反而成了井底之蛙。

為了與更多志同道合的人交流，因此我決定帶頭行動。

「我們也募集其他學校，甚至是全國學生一起來辦活動吧！」

我們透過當年類似臉書（Facebook）的「Cyworld[3]」社群網站，尋找其他的外校同學。但由於學校禁止攜帶手機，因此我們只能用公共電話撥打電話給全國各地高中，甚至寄信給他們，這幾乎花光了我們所有的零用錢。

經過一番努力宣傳後，短短幾天內就收到來自大元外語高中、常山高中、外大附中等全國各地學生的回應，表示有意參加。我們這才發現，原來有那麼多同

3. 韓國最受歡迎的社群交友網站。

學和我們一樣渴望改變。

然而，這件事卻遭到學校老師的強烈反對，認為社團會妨礙準備入學考試或課業。

我們怎麼能讓計畫從一開始就胎死腹中？因此，我們拜訪每一位老師，甚至還親自向校長說明整個計畫。我們準備了約十頁Ａ４的文件，並再三向大人們保證絕不會影響成績。終於，我們獲得了師長的許可。

其他學校的情況也差不多，有些同學未能參與到最後，但我們沒有放棄，經過兩個月的努力，終於在京畿道[4]的一間青少年活動中心舉辦聚會，共有十位學校代表到場。我們討論了很久，決定將聚會命名為「YUPAD」，意思是「Youth Union of Politics And Diplomacy」，全國青少年政治外交聯盟。

後來，YUPAD成了我高中生活最重要的一部分。

三個月後，成員增加至兩百人，我們每週和來自全國各地的同學連線，針對政治外交相關新聞報導，分享各自的意見並討論。各校同學還會閱讀每週推薦的政治外交書籍，一年內讀了近二十本。

此外，我們也策畫了每季各種線下活動。

為了一一實現曼陀羅計畫表上的夢想，我寫信給時任聯合國大使的外交官，請他為我們舉辦演講、安排參觀外交部，並與外交官進行座談會。寒暑假期間，我們還借用了首爾的青少年活動中心，舉辦為期兩天一夜的辯論會。兩年來，我們在這個聚會中和同學盡情作夢，親身體驗實踐夢想的過程。

如今，這個夢想的基地，以及我們的挑戰已經來到第十五年。直至今日，有近乎一萬名的韓國高中生透過YUPAD，決心以政治及外交改變世界。

這一切都是靠我們自己完成，只為了實現我們的夢想。

YUPAD的活動徹底改變了我。透過領導這個社團，我領悟到外交官工作遠比想像中的複雜，也不像電視或電影中那般光鮮亮麗。他們往往在看不見的地方，為解決困難竭盡全力。

4. 鄰近首爾的行政區。

同時，我也深刻感受到，和我懷抱一樣夢想的同學中，有多少資質優異的人，他們讀了多少書、培養了多少能力，因此我也告訴自己每天要更努力，才不會辜負自己的期許。

這段經歷讓我實際體驗和分享夢想，不再只是將夢想埋藏在心底。也因為沒有放棄，我反而更渴望實現夢想，每天想像著自己實現夢想的樣子，然後靠著那份期待與悸動，不斷激勵自己更加努力的生活。

也託這段經歷的福，我遵守了創立社團時與老師的約定，成績甚至比以前更為優異。

當初參加這項活動，並不是為了追求任何利益，而是純粹為了夢想挑戰自己。然而，這卻意外為我帶來了新的機會。

在大學入學考試的甄試中，除了成績以外，學校也非常重視學生對科系的熱情，以及如何實踐夢想。因此，透過社團的累積，我得以在「課外活動」這一項目，充分展現自己。

在準備大學考試的過程中，我能夠自信的寫下自己對外交的熱情，並結合在社團中學到的知識和體悟。面試時的問題，恰巧在社團也練習過，所以我回答得很有自信，最後也獲得了面試官的稱讚。

不過對我來說，最重要的並不是這些成就。創立YUPAD，並逐步實踐夢想，帶給我勇氣及自信，更勝於當選學生會會長時的感受。

曾經飽受憂鬱症折磨，成天自責「為什麼這麼沒用」的我，竟能影響世界。曾害怕和陌生人建立關係的我，竟能為他人帶來正向影響，這些都我從未體驗過的成就。

這一切讓我能夠正面看待自己，感受到自己其實是個有用、不錯的人，並且對未來充滿希望。

我開始相信，或許我真的可以實現夢想，為世界帶來正面影響力。

如果要我選出高中時期做得最好的一件事，我會毫不猶豫的回答是創立YUPAD社團。如果當初只是迷糊作夢，我或許無法真正了解自己的夢想，也體驗不到夢想帶來的巨大動力。

因此，我希望如果各位有夢想，現在、馬上開始付諸努力。你可以閱讀和夢想有關的書籍、和相關人士見面，也可以參加體驗或相關活動。不管是什麼樣的方法，請親自體驗夢想。如此一來，夢想將再也不是夢想，是「現實」。

追星族的成功DNA

為了寫《讀書大師全攻略》這本書，我拜訪了許多人，其中一名學生令我印象深刻。她在模擬考中拿下全國第一，入學考試只錯了一題，幾乎是「神人」級的學生。當我問她的讀書祕訣時，她卻給出了意想不到的關鍵字：「**追星**。」

她追某個男子偶像團體和知名抒情歌手超過十年，形容追星是：

「所謂『有愛』，就是能為某個對象，投入自己的時間和努力。像我這樣的女生，通常追的是男藝人。我會想知道他的生日、身高、血型、住處、家庭成員，甚至他說話的口音、臉上有幾顆痣，連他說話的習慣或尷尬時的肢體語言，每一件事都想知道。從小開始追星，讓我讀書也像追星一樣。」

她笑著繼續說：「例如，在上課時，我不僅僅是接收眼前的資訊，而是更積極吸收那些內容。上文學課，除了上課的筆記，我會主動查詢網路資料。社會科不懂的部分，也會上網搜尋相關資料。對於其他科目，我也會抱持喜歡偶像的心態，努力研究所有細節，這樣不管問題從哪邊出，我都可以對答自如，甚至有時我懂得比老師還要多。」

她又繼續強調：

「我相信，追星的人一定能夠成功。**追星者擁有成功的基因，這種基因代表投入、熱情及韌性**。尤其追星必須持續投入時間和努力，我認為追星的人具備持之以恆的能力，以及足夠的韌性。」

作為一個曾經追星、熱愛足球和遊戲的人，我不得不同意這句話。

你看過韓國綜藝《劉QUIZ ON THE BLOCK》[5]嗎？這是我非常喜愛的節目之

5. 由劉在錫、曹世鎬共同主持，節目主軸為探訪人們的日常生活，進行簡單談話和突然問答的街頭談話與問答秀。

一。在節目中，我也看到了追星族的三個成功基因。

這個節目訪談了演員、學者、補教名師、專業遊戲玩家、作家等，這些在各式領域中，別有一番成就的人。我發現，這些人都有一項共通點——一談到他們從事的工作時，臉上都洋溢著快樂與期待。光是從表情，就能感受到他們對工作的熱愛和渴望。

而他們的共同點，就是「將興趣當工作」，把自己喜歡的事（追星）當成自己的工作。最近韓國很流行這種說法。

聆聽這些人的故事，他們都擁有驚人的熱情、非常投入、非常有韌性。因為自己想做，自然比旁人投入更多的熱情，如果沒有成功就再繼續嘗試，這才有了今天的成就。這些人一致表示，追星所帶來的熱情、投入、韌性，正是他們成功的祕訣。

我把尋找並鑽研自己喜歡、想做的事稱為「追夢」。在我教過的學生當中，有一名學生令我印象深刻。

我還記得，這位學生是個鐵道迷，當我問他興趣是什麼時，他便模仿了每條地鐵路線列車的引擎聲。由此可知，他有多麼迷鐵路、火車。

其實，在旁人看來，這名學生並不是特別聰明、很會讀書。第一次和我見面的小六那一年，他幾乎是墊底，也算起步晚。

然而，他從國中就想考進韓國交通大學，深入研究自己喜歡的鐵道。老實說，以他的成績來說，這目標並不容易。不過，他有追星的力量，因為真的太喜歡鐵道，那股熱情完全呈現在課業上。

這名學生下課後總是留下來自習或提問，比任何人都更勤勉且有毅力，最終讓他的成績逐步提升，從墊底到高中畢業考進全校前十名。即使忙碌，他仍能抽出時間參觀鐵道相關學校或博覽會，並與專家交流。

最後，他的努力和熱情備受認可，成功錄取交通工程領域最難考上的──首爾大學交通工程系。

這是熱情、投入、韌性的成果。目前，他成為了一名鐵道護送兵，每天坐在他最愛的火車上，享受著幸福的工作。

我在首爾大學也見過不少因為追星而取得優異成績的同學。前面提到的那位神人級學生，現在已考進法學院，立志捍衛歌手的權利和智慧財產權，並成為演藝界的法律專家。熱愛足球的一位朋友自費出版足球旅遊散文後，轉行成為足球行政人士；而一個軍事迷朋友則為了成為軍事專家考進外交系，現在已成為該領域的翹楚。

鑽研夢想，也就是「追夢」會帶來驚人的熱情、投入程度及韌性，這股力量將成為無與倫比的動力來源。

沒有比追夢更強的動力。

追夢之所以重要，還有一個原因就是，現在的大學不只看成績，他們也重視學生為夢想與未來出路努力的過程。**這代表探索夢想已經不是個人的自由選擇，而是必須去做的事**。

如果各位正熱衷某件事，代表你已經具有成功基因。如果有真的喜歡、想做的事，代表各位已具有不凡的熱情、韌性和能熱衷於某件事的條件。而這就是各位可以實現夢想與目標最重要的動力。

不管現在成績如何，不管你有哪些成果，重要的是從現在起，努力不懈，一步一步邁向目的地。所以如果你有夢想，不管旁人怎麼說，你都要去探索看看，別讓夢想只是夢想。不管其他人怎麼說，都走自己的路吧！

夢想，藏在你看過、聽過的事裡

「我還沒有喜歡做的事，也不知道自己想做什麼。」

「我沒有夢想，怎麼辦？」

你也是這麼想嗎？那你大可放心。

「把興趣當工作」的人，也不是打從一開始就知道自己喜歡什麼、想做什麼。當然有人運氣很好，很年輕就發現自己喜歡什麼，但大多數人都會經歷一段漫長的摸索期。

他們也曾像我們一樣迷茫、找不到夢想，但隨著時間的推移，因為一些體驗，遇見各式各樣的人，或是讀了書後，發現了不一樣的世界。當他們踏進那個世界後，會因為覺得「這真有趣，很有意思」或「這真的非常重要、有意義」，而頓悟或感到一股使命感，進而持續投入其中。

我的夢想也是這樣，不是一夕之間從天而降，而是慢慢回想小時候的經歷：讀了滿是悲劇的韓國近代史；在聯合國紀念墓園遇見參戰老兵後，心底湧現一股熱血，以及醉心研究政治與國際政治領域，才決定了夢想。

夢想的線索，一定藏在你所閱讀過、看過、聽過、感受過的東西裡；一定有些是當你回想起來，內心會出現一股情緒起伏，或者是熱血沸騰：也可能是太有趣，太令人好奇，所以很興奮。

當然，也可能是想趕快行動，想好好表現而心跳加快。**這些情緒就是夢想的線索**，都可以稱之為「我喜歡」或「我想做」。

如果你還沒找到夢想的線索，不妨好好回想。人生很長，無論是親身經歷或間接體驗，都會累積許多經驗，之中一定藏有我們未曾注意到的夢想線索。

所以，即使還找不到夢想的線索，也不需要太擔心或著急，因為夢想的線索和經驗成正比。更積極閱讀、和其他人交流，接觸更多彩多姿的世界，總有一天，你一定能找到夢想的線索。現在沒有，只是缺乏經驗罷了。

探索夢想後，有些人可能擔心要是自己以後改變夢想，怎麼辦？那也沒關係，就算夢想改變了，我們也不會一無所獲。當我們熱衷某件事、拚命鑽研時，早已在不知不覺中有了大幅成長。

在鑽研夢想的同時，我們所讀、所看、所感受的東西，都會讓自己不斷思考並成長，並且更了解自己喜歡、擅長什麼，不喜歡、不擅長什麼。

因此，請努力多體驗、多看、多感受吧！

意志消沉，什麼也不做並不會改變現狀，只有試了才知道。

如果碰到有一點可能性的夢想線索，就去鑽研看看吧！

沒做過的事情總令人後悔，所以相信自己，勇敢叩門吧！

不知不覺中，你一定能發現自己看見、感受，踩在更寬廣的世界。

未來不是選職業，是信念

要是你曾有過一丁點「以後我想走這條路」、「想過這樣生活」的想法，這些就是各位的夢想拼圖。將所有拼圖拼湊起來，就是屬於各位的夢想了。

然而，大家卻經常誤解，以為夢想是指特定職業或志向，比如成為醫生、法律人士、歌手等。但那只是夢想的一部分，並不是全部。之後還必須考慮該如何面對各種現實層面。

夢想應該更注重本質、綜合考量更多面向，包含哪些價值最重要、哪些事能讓你過上幸福人生、希望自己人生是什麼樣的、周圍環境應該具備哪些條件、該如何達成願景等，我們統稱這些為「夢想」。

除了想成為醫生、法律界人士、歌手這些單純想法外，為什麼我想從事這些職業，我希望為世界帶來哪些影響，才是更重要的目的。當你的標準夠鮮明，就能稱得上是「夢想」了。

有人希望平凡過一生，也有人夢想自己能夠翻轉世界。我們的人生有很多重要的事物，如工作與職業、家庭、摯愛的人們、經濟條件、宗教信仰、價值觀等，數也數不清。

其中，我認為最正確且重要的，並且願意賭上部分或整個人生去守護的，就是我們的「信念」。信念，能為我們創造有價值的夢想與人生。

我也曾有過好幾個夢想。以前我想成為解決戰爭問題的外交官，我現在是教育領域書籍的作家，也是一間新創公司的執行長。或許職業已經改變，但我的信念並沒有改變。如果信念就是夢想，那我的夢想並沒有改變。現在的我，反而更符合當初的夢想。

該怎麼說？讓我娓娓道來。

各位還記得嗎？當初我想成為外交官，是因為我希望為解決戰爭問題盡一份心力，不讓悲劇重蹈覆徹。

而我之所以想把人生投注在解決戰爭問題上，是因為讀歷史時發現包括韓戰在內，太多無辜民眾因戰爭失去他們僅有一次的寶貴人生。如果今天是我或是我的朋友、家人，我會怎麼辦？所以我決定要守護所有人，讓那些人僅有一次的人生能過得更幸福，因此立志成為外交官。

但是成為大學生後，我還發現很多人在學生時代其實沒有什麼機會深入思考自己喜歡什麼、想成為什麼樣的人。我自己也是在人生低潮期掙扎好一陣子後，才找到夢想和去路。

只是世界日新月異，但教育卻並未與日俱進。因此，我希望各位，尤其是年輕人能夠避免重蹈覆轍。

人生僅有一次，青少年時期是人生最精彩的時期，我希望可以讓各位的璀璨時光充滿意義、價值，所以從事這份工作。如同過去我想解決戰爭問題，目的在於讓人類生命更有價值、更幸福，現在我不僅寫作，還創立教育服務公司，只為讓各位僅有一次的人生幸福。

我希望大家能去思考自己喜歡、擅長的事，累積小成功，打好人生基礎，這也是為什麼我會說我的夢想並沒有改變。

夢想不一定要別人的認可，也不需要是改變全世界的重要議題。但夢想必須是一個目的，讓我們走到人生最後一哩路時，說得出「我的人生因為這件事變得有意義、有價值，非常幸福」。

這代表夢想應該是很寶貴，值得我們賭上人生，願意用人生交換的，對吧？

夢想並不是職業，是信念，它不是手段，而是目的。希望各位擁有那樣的夢想，為人生導航。

蘭利沒有，但萊特兄弟有的？

夢想並不是為了實現目的的手段。夢想讓人甘願承受失敗與磨難，這本身就是它的價值所在。所有人都希望生活更富庶，希望被他人認可，希望自己有能力輕鬆擁有想要的東西。這是我們人類與生俱來的本能慾望。

我讀過一本書，裡頭有一句話是這麼寫的：

「決定成功的問題並不是『我想要享受什麼』，而是『我能承受什麼樣的痛苦』。通往幸福的道路上遍布屎尿與恥辱。」

夢想也一樣。雖然不一定要多艱難、多高尚，但若只是忠於欲望，很難稱之為夢想。所以我認為夢想取決於，你能為它承受多少。實現夢想絕不簡單，但若具有足夠的價值和意義，就值得稱之為夢想。

夢想有一股力量讓我們即便歷經多次失敗，依然能站起來。它給予我們力量，讓我們不輕言放棄，鍥而不捨。接下來，我要介紹各位可能知曉的人物故事，看看夢想的力量有多偉大。

大家一定知道發明飛機的人是誰吧？

沒錯，就是萊特兄弟。但在萊特兄弟認真研發飛機的同時，美國也有人在研發飛機，甚至比萊特兄弟更有名、更有錢、更具資歷。這個人就是賽謬爾・蘭利（Samuel Pierpont Langley）。

蘭利是美國知名的天文學家，相繼於哈佛大學、美國海軍士官學校擔任教授後，他還在一間非常大的研究財團擔任高階經理，並且拿到美國政府五萬美元的支援。以現在韓幣價值換算，大約是兩百億韓幣（按：約新臺幣四・二億元）。

蘭利的朋友，除了有當時美國最有錢的鋼鐵大王安德魯・卡內基（Andrew

Carnegie），和因發明電話名利雙收的貝爾（Alexander Graham Bell）等人，和他一起研發飛機的人當中，也有紐約第一個發明汽車的人等、畢業於頂尖大學的技術人士。

頭腦聰明、有名、有周圍親友的支援，蘭利什麼都不缺。所以當時眾人都相信蘭利一定會成為第一個研發出飛機的大人物。據說也因為這樣，《紐約時報》（*The New York Times*）記者經常跟拍蘭利。當然，蘭利也希望能像發明燈泡的愛迪生（Thomas Alva Edison）或發明電話的貝爾一樣名利雙收，所以聽說他不分日夜，埋頭於研究。

相反的，萊特兄弟課業成績並不如蘭利優異，也不是有錢人。萊特兄弟出生於平凡家庭，和家人一起經營腳踏車店。沒人給他們金錢支援，也不認識像蘭利一樣的有名人士。包含萊特兄弟在內，一起研發飛機的人之中，據說沒有人是大學畢業的。他們只是用經營腳踏車店賺來的錢勉強研究。

但結果我們都知道了，發明飛機的並非蘭利，是萊特兄弟。

一九〇三年十二月十七日，萊特兄弟製造的飛機於北卡羅來納州[6]基蒂霍克

（Kitty Hawk）一次航向天空。

蘭利在數學或科學方面比萊特兄弟更優秀，團隊裡有那麼多聰明能幹的人，研發資金也相當充裕，並且非常認真研究，花的心力不亞於萊特兄弟，但為什麼命運卻如此不同？

他們之間有一項差異，就是「夢想」。

萊特兄弟非常渴望研發出飛機，他們相信若能製造出翱翔天際的飛機，一定能讓很多人享有更方便、更好的生活。換句話說，他們不是為了賺大錢或想出名，而是想藉由飛機造福人類。

萊特兄弟測試飛行時都會準備五份備用零件，失敗五次後就回家。雖然他們歷經無數次失敗，但失敗再多次，也沒讓他們失去當初的信念，反而不斷告訴其他人飛機對我們的生活有多重要、會帶來什麼樣的變化。他們第一次成功把飛機開上天時，美國的報社沒有來，人們也對這件事不感興趣，但他們自己知道這件事很重要，所以不因此灰心喪氣。

相反的，蘭利想製造飛機的最大原因，並不是想造福人類，而是希望留下一筆豐功偉業，備受眾人認可。

總而言之，他研發飛機，是為了獲取富貴榮華的手段。

這點從萊特兄弟成功研發飛機後，蘭利的所作所為就能看出來。假如研發飛機本身對蘭利就是非常重要的夢想，即便是萊特兄弟先研發出飛機，為了製造更優良的飛機，他應該要繼續研究下去。但因為他覺得自己輸人一等，也怕世人嘲笑自己，馬上就放棄研究飛機了。

我為什麼要做這件事、這個夢想為什麼重要，這些我們稱之為「目標意識」。對萊特兄弟而言，研發飛機就屬於這樣的目的。研發飛機本身非常重要，一想到能藉由這件事造福人類，讓他們心跳加快、充滿活力。

但蘭利研發飛機並不是他的目的，而是一種手段。他為了賺更多錢、變更有名、獲得更高榮譽，才動了研發飛機的念頭。

---

6. State of North Carolina，簡稱北卡，是位於美國南部區域大西洋海岸的一州。

當然，為了賺錢、出名而努力並非壞事。然而，假設你只是為了賺更多錢、變更有名而努力實現夢想，那如果有另一件事情能賺更多錢、變更有名，你會怎麼做？大概會選擇那件事吧？如果隨時改變想法，那可以稱為夢想嗎？

夢想很難一步登天。

如同萊特兄弟為了讓飛機飛上天際歷經無數次失敗，也許為了實現夢想，我們同樣會經歷各種考驗和危機。夢想越遠大，會經歷更多失敗。

但真正的夢想是即便失敗、處境艱難，也想要努力去達成。如果光為了賺錢、出名，我們很難走到夢想的終點站。我必須再次強調，**夢想不是手段，是目的**，它本身就擁有值得做下去的理由。

無論是什麼夢想，絕對不要輕言放棄，再試一次就好，再多邁出一步就好。一步一步走，我相信各位輕輕邁出的步伐能化夢想為現實。

把人生當成永恆一樣作夢，把今天當成人生最後一天一樣過。

（Dream as if you'll live forever. Live as if you'll die today.）

誰說人生是馬拉松

讀到這裡，也許你會這樣想：

「就算沒有夢想，只要認真讀書，考上不錯的大學，那不就可以了嗎？」

「夢想有那麼重要嗎？」

要是我在十年前、二十年前寫這本書，或許我根本沒必要提「夢想」這麼炫的單字？寫好好讀書、努力考大學說不定更正確。當然，相信自己、夢想、主動，都是想好好讀書的動力之一，但若只為了會讀書這個目的，不如把時間省下來，只要知道提升成績的方法就好。

但是我會花這麼多時間，和各位談夢想是有原因的。未來的世界已經改變，光靠「會讀書」不一定容易生存。

舉例來說，我們已經親眼目睹ChatGPT[7]在短短一、兩年內如何改變世界。除了搜尋資料外，只要輸入任何你想要的東西，它可以在幾秒內翻譯長篇論文，並完成你指定主題的文章，或是解出高難度的數學問題；甚至你只要截圖網頁，它也可以在幾秒鐘內跑出網站程式語言。

重大改變還不僅如此。電動車公司特斯拉（Tesla），創立僅二十年就達成超過一千兆韓幣（按：約新臺幣二十一兆）的總市值，甚至比豐田（Toyota）、賓士（Mercedes-Benz）、福斯（Volkswagen）、BMW、現代、本田（Honda）、通用汽車（General Motors）、Volvo等世界汽車大廠總市值加總還要龐大。

韓國的電商公司酷澎（Coupang）才成立十五年，其總市值以二〇二三年十二月為準（按：韓幣四十兆元，相當新臺幣八千多億元），已是過去傳統知名現代、emart、樂天等大企業總市值加總（按：韓幣六兆元至七兆元，相當新臺幣一千兩百多億元至一千四百七十億元）的五、六倍以上。而伊隆·馬斯克的SpaceX[8]和亞馬遜（Amazon.com）創辦人傑夫·貝佐斯（Jeff Bezos）的藍色起源（Blue Origin）等公司，也表示人類將能在幾年內到宇宙旅遊。

除了技術或經濟外，韓國還寫下全世界最低出生率，二〇三〇年可能只剩下二十六萬名[9]新生兒，二〇五〇年甚至會減少至二十一萬名。此外，還有氣候變化等環境問題、低成長率現象持續等經濟結構問題，幾乎世界各領域都在急速變遷中。

我們無法得知以後會變成什麼樣子、世界如何改變，但所有專家都可以確定一件事——無論是何種變化，改變的速度會比現在快上數十倍。

這幾乎可以確定我們必須走從來沒有走過的路，沒有地圖、沒有導航，甚至不確定目的地，我們只能一起走下去。

那麼，我們究竟該如何為日新月異的世界做哪些準備？

7. 全稱聊天生成預訓練轉換器，Chat Generative Pre-trained Transformer。
8. 太空探索技術公司，Space Exploration Technologies Corp。
9. 韓國二〇二三年新生兒總人數為二十三萬人。

美國第十六任總統亞伯拉罕．林肯曾提到：

「預測未來最好的方式，就是創造未來[10]。」

對我們而言，重點並不在於了解世界如何改變，我們的未來有哪些路可以走。更重要的是，我們要創造什麼樣的路、想走什麼樣的路。在無數條岔路中，該選擇什麼樣的路、為什麼創造、選擇那條路更重要。

有些人可能會問：「以前的人，不重視自己喜歡什麼、想做什麼嗎？」

這些當然很重要，但在過去，確實存在一些保障成功的路徑。只要認真讀書，就能進入好大學，進入大公司工作，或者成為專業人士、公務員等，這些都有相對的保障。

但這種保障已逐漸消失，正如前面提到的，世界已經變化得太快。

有一句話說：「Not the best, but the only.」，意思是與其成為最棒的，更重要的是成為「獨一無二的」。因為獨一無二，所以不需要競爭，也無可取代。

我想這應該就是改變的世界中存活的唯一方法——成為無可取代、獨一無二的人，這也是我們必須走的路。那麼成為獨一無二的人又代表什麼意義？

我曾看過某個日本廣告影片。開頭是這樣的，一名年輕人和眾多人群一起奔跑，然後說：

「人生是馬拉松，跑得更快、跑得更遠。想著前面就有未來，想著一定有終點。」接著一百八十度風向大轉變，又說：

「真的嗎？人生並不是馬拉松。誰能決定路線，誰能決定終點線？」

接著旁白娓娓道出：

「不管跑在哪裡，不管跑向哪裡，我們都有自己的道路。我們還沒見識過的世界那麼寬廣。是啊！就邁出步伐吧！再三思考，絞盡腦汁，然後跑到最後吧！

---

10. 當代管理大師彼得．杜拉克（Peter Drucker）的名言。

失敗了也沒關係，繞回去也沒關係，你不需要和誰比較。不是只有一條路，不是只有一道終點線。有一萬個人，就有一萬條路和終點線。誰說人生是馬拉松？」

我認為，這段臺詞裡就是解答。

其實，我們並不是「成為」獨一無二的人，各位已是世界上獨一無二的存在。世上沒有一個人長得和你一模一樣、法如出一轍。

每個人天生都有自己的獨特之處，希望大家也都能盡情發揮。我相信各位能藉由夢想更靠近世界，各位的夢想能夠寫下改變世界的歷史。

「沒有終點站的人，
什麼樣的風來都幫不了他。」

——法國哲學家／米歇爾・德・蒙田
（Michel de Montaigne）

Chapter 5

世上沒有
強者與弱者之分

升上國高中後，第一次考完試，一定會聽到這樣的話：

「國中時很厲害，結果上了高中，成績卻一落千丈。」

無論是學生或家長，碰到這種狀況通常打擊不小，而且後勁比想像中更久。國小升國中、國中升高中的時期，真的是一場大混亂，也許成績單上的排名數字變了，也許本來沒什麼的科目突然變得很難。

這種情況不只發生在你身上，也不是你的錯。

經歷過的人就知道，國小升國中時，課業落差比小學高年級還要大。不僅功課量差很多，考試也比較緊湊。到了國中升高中，尤其更明顯。無論是課業量、科目數、難易度都提升至少十倍，所以課業成績退步，也是情有可原。

但問題是，第一次考試就碰上這個打擊，通常會不太適應好一陣子。有些學生受不了打擊，就開始否定自己，於是曾經很會讀書的同學可能後續就表現平平。我周圍就有許多這樣的同學。

「小時候還很厲害的……。」

如前所述，我也是在升上高中後，第一次的分班考試中，數學只拿了三十分，排名大概是一百六十名中的第一百三十到一百四十名。

換句話說，數學考比我差的同學大概有二、三十名。入學以後，就大概知道那二、三十名都是誰了——數學老師要我們解題時，舉手表示寫不完的那些同學。

等到高中快畢業時，我還得知我念的文科班中，數學成績排名第一、二名的同學，竟然是分班考試中排在我後面的那些人。當然，那些同學最後都以優秀成績，考上志願校。

更驚人的是，拿下大學入學考試最高分，最後考進首爾大學商學院的同學，是高中第一次考試中排名第一百六十名，所謂「墊底」的同學。慢慢回顧過去，就能發現上述的同學們都擁有一項共通點。

但在介紹這項共通點之前，我想先介紹一項研究。

明日之星和黑馬的差別？

享譽全球的史丹佛大學（Stanford University）教育心理學者卡蘿·杜維克（Carol S. Dweck, Ph.D.）曾針對各領域的傑出人士，包括執行長、運動員、學者與藝術家，進行深入調查。

她發現，儘管這些人在國籍、環境、性別、智能等方面各異，其心理層面卻有一個共同點——杜維克將此稱之為「心態」（mindset）。

這裡的「心態」指的是，人們如何看待自己的才能與能力。杜維克認為，人的內在一般分成兩種：成長型心態、固定型心態（見左頁圖表5-1）。

擁有成長型心態的人，相信自己能力與才能是可以改變的；反之，侷限於固定型心態的人，則認為能力與才能是與生俱來，並無法改變。

你應該也猜到了，即使一波三折、不斷失敗，**最終成功的人大都擁有成長型**

圖表 5–1　成長型心態 vs. 固定型心態

明日之星和黑馬的差別

固定型心態

認為天賦無法改變，
再怎麼努力都沒用。

VS.

成長型心態

相信自己的才能是可
以改變的，願意不斷
修正、改善。

心態。

杜維克後來又做了其他有趣的研究，比如測試剛升國中學生的心態，並追蹤兩年。

之後，她說：「在我們的研究中，只具有固定型心態的學生成績下滑，那些具有成長型心態的學生，則是在兩年內成績提升。兩組學生在剛進國中時，幾乎看不出成績差異。雖然國小比較輕鬆，成績看起來很接近，但碰上升國中的挑戰後，就開始出現差距。」

沒錯，同樣能力差不多的學生，成績卻如此不同，關鍵就在於心態。

再回到我高中時期的故事。剛升上高中時，數學成績明明比我低，快畢業時卻大逆轉，那些同學的共通點是，他們每天都比我還早到教室，也很主動向老師或其他同學提問；無論考試結果如何，隔天一定都坐在書桌前開始讀書，就像什麼事都沒發生一樣。

杜維克指出，這一點正是「成長型心態」最具代表性的特徵。

即使現在能力不夠好，他們也深信自己不斷努力、採用正確方法，以及尋求他人的協助，會讓自己越來越進步。同時，他們也不認為當前的失敗會持續下去，所以不容易半途而廢，而是拚到最後，為自己創造學習的機會。我撰寫《密集讀書法》時的受訪者，也就是短時間提升成績的人，也都抱持這樣的想法。

「總有一天我會進步，沒有天天在失敗的。」

最後，他們成為「真正」逆轉故事的主角。

讓你只想擺爛的原因

「我好像已經是固定型心態了，該怎麼辦？」

「這個心態這麼重要的話，代表我已經沒救了……。」

各位也如此擔心嗎？其實，你完全不需要因此感到挫折。杜維克表示，每個人的內在都存在成長型心態和固定型心態，心態也並非一成不變。換句話說，只要刻意轉換為成長型心態、稍微改變想法就會有效果。

但我們為什麼會一直陷入固定型心態？

一般來說，當生活出現重大變化時，固定型心態就會出現，尤其是剛升上國中的時候。在這個階段，會碰上兩種巨大的變化。

首先，國小學業的負擔較輕，但是到了國中，讀書就占據了相當大的比例。每學期都會有成績單，而且會影響未來升高中的機會。學校或補習班老師也經常把「都已經是國中生了，該好好讀書」掛在嘴邊。大概這時候起，讀書變成「真槍實彈」了吧？

另一項變化，叫做「青春期」。

首先，身體在短時間內會出現巨大變化，接下來情緒、心靈也和之前不一樣，尤其開始在意他人目光。因為太在意同學怎麼看待自己、其他人怎麼想，國小明明還很喜歡上臺發表意見或參與學生會幹部選舉，但到了這個時期，卻突然開始抗拒這些事情，甚至感到有負擔。

此外，對異性的認知也不一樣。

我們可能會因為喜歡上某個人，因此開始注重外表。然後，每次看到電視裡帥氣、漂亮的偶像或演員，忍不住和鏡中的自己做比較。尤其討厭看到臉上一顆顆冒出來的青春痘。

我還記得國中一年級時，十一月十一日，也就是韓國的巧克力棒節[1]，我第一次送喜歡的女同學巧克力棒，當下心臟撲通撲通。當然，結果並不順利。

總之，我們看待世界和他人的視角完全改變了。我們越來越在意外界的評價，也不想因為其他人而受傷。所以，心中經常浮現這些疑問，彷彿全世界都在替我打分數。

「我究竟是聰明還是笨？」

1. 韓國巧克力棒節是朋友或情侶間互送巧克力棒的日子。

「我算長得好看嗎？還是長得不好看？」

「別人眼裡看來，我怎麼樣？」

接連在學校或補習班考試後，這種想法更強烈了。隔壁同學拿了一百分，我只拿九十五分，明明分數也不差，但心情就不好。又或者是，「那個誰誰誰聽說考幾分耶！」不管願不願意，我們總是不斷的被周圍的人拿來比較，而且很難不去在意。

每每碰到這種情況，都讓人越來越氣餒。國小時我們還相信自己在各方面都很出色，稍微表現好一點，周圍大人就稱讚我們。

然而，現在卻大不相同了。

即使我們總想成為與眾不同的人，希望被其他人注意，希望自己是爸媽引以為傲的孩子，但世界上就是有那麼多比自己厲害的人。更令人挫折的是，有人似乎不用付出太多努力，就能超越大家，甚至被稱為「天才」。我也希望自己那麼酷、被別人這樣稱讚，但我不是。

你現在可能會覺得：「這世界也太不公平！」認為自己根本無法改變，彷彿就像洩了氣的皮球——無論再怎麼努力，也不會有所改變，最後只想逃避現實。

雖然大人總說：「再努力一點就可以了。」但我們卻不相信努力能帶來什麼改變。

那些天生聰明的人總是表現優異，而我顯然不是其中之一。不過，我也不想當那種——即使拚命努力，還是沒同學厲害、那麼笨的人。

如果不努力還可以說：「早知道就努力一點。」但萬一努力過後還是不行，不就證明自己真的自己真的不夠聰明嗎？

所以，為了保護自己、為了不當真正的笨蛋、為了避免被他人品頭論足，我們選擇盡量不努力，我們告訴自己：「會成功就是會成功，不會成功的人，再努力也沒用。」掛在嘴邊，並且冷眼看世界。

我們努力壓抑心中想表現的渴望，大人卻只會一味的斥責「怎麼這麼不會想？」、「到現在還搞不清楚狀」。他們根本不懂，我們很想好好表現，卻不得不這麼做的矛盾心情。

「我兒子沒有數學頭腦」

國中時，我的數學成績不如其他科目好。明明都有補習，也認真寫了學校或補習班的作業，但分數就是不理想。有時考題明明很簡單，全校有幾十個滿分，但我還是會錯一、兩題。

後來，媽媽就帶我去另一間數學補習班。初次見面，我們坐在補習班老師的對面，她開口說：

「我們家承右很認真，但數學成績還是不好。我自己以前數學也很不好，他可能像我，沒有數學頭腦吧！」

其實，我媽媽真的幫了我很多，我敢說，自己能夠繼續讀書，都是託媽媽的福。然而，媽媽也是人，那天她無心的一句話，卻在我心裡留下了一道巨大的障礙，成了日後我學習數學的絆腳石。

那句話可能沒什麼，大家也很常講這種話，然而這種話可是會讓人陷入「固定型心態」的經典臺詞。

「因為沒有數學頭腦，所以數學很爛吧！」這句話藏有兩種訊息。第一是擅長數學非常需要「數學頭腦」。

這裡指的數學頭腦是什麼？我想就是我們經常說的與生俱來的才能吧！

但是，還有另一個更重要的訊息：數學要好，關鍵在於是否具備數學頭腦，也就是所謂的天賦。毫無疑問的，這句話也代表——我沒有那種頭腦。

假設大家在成長過程中聽這種話，即便已經很努力讀數學，成績卻依然不理想，心裡會怎麼想？

1：「我可能不夠努力，或讀書方法不適合。」

「我寫的評量不適合自己程度，下次考試再換個方式繼續努力，成績一定會變好。」

2：「媽媽說得對，我真的沒有數學頭腦。」

「書讀得比我少的同學考得還比較好，果然成績還是取決於頭腦。」

大家會怎麼想？對我來說，連想都不用想，答案就是2。

因為努力不夠或方法不對，這些問題既看不見，也很難精確衡量。反之，沒有數學頭腦，所以成績不好，這種邏輯不僅很直覺，也很簡單明瞭。然而，當這種想法反覆出現時，便逐漸加劇了「讀書要靠天賦」的想法。

每次數學考試不如預期時，這種想法就更加揮之不去，我甚至會想：現在讀這些有什麼用？於是，漸漸越來越不想讀書。

高一結束後，我差點就要放棄數學，這也是我決定退學的原因之一。因為光靠天賦，我永遠無法贏過那些比我優秀的同學。

龜兔賽跑的謬誤

我們生活中充斥著太多固定型心態的語言，並且深受其影響。每次達不到理想成果，想法就更根深蒂固。例如：

「對，我就是笨。」

「我天生就沒那麼厲害。」

這種情況不斷反覆，最後會讓我們相信「反正我做了也不會成功」，於是自暴自棄。在心理學，將這種現象稱為「確認偏誤」（Confirmation bias）[2]，即當人面對某種狀況或取得資訊時，只會看見符合自己原本想法或信念的證據。

其實，這就是偏見在心中種下「不信任」的過程。

還記得小時候聽過的《龜兔賽跑》故事嗎？

兔子和烏龜賽跑，跑得快的兔子一開始遙遙領先，因為以為自己贏定了，便先去睡覺，結果卻被努力不懈的烏龜超越。

我們一直以為這篇故事的寓意是：只要持續努力，就算沒有天賦，也能在比賽中獲勝」。然而，杜維克卻指出，這篇寓言故事讓努力變得汙名化，並且給人一

2. 泛指尋找、解讀和記住對自己信念有利的資訊，並漠視否定信念的相關資訊。

種印象：只有動作慢的人，才需要努力。正如她所說的，誰想當一隻烏龜？

杜維克還說，**《龜兔賽跑》的故事，意外助長我們的固定型心態。**

「這類故事的問題點在於，以『二擇一』的框架解析世界，把世界分成『有能力的人』和『必須努力的人』。這也是固定型心態的觀點，好似只有沒能力的人才需要努力。固定型心態釋放這種訊息給大眾——如果你必須認真做某件事，你一定不擅長那件事。對真正的天才而言，所有事情都很簡單。」

其實，我們也知道這個道理。

至於這個故事，就如同前面說的，沒這麼快結束。不，也許我的故事正是從這裡開始的。

半年、一年、兩年過去，成績排名出現許多變動，我也開始有了很多逆轉的經驗，甚至跨越了數學高牆。那些就算重新投胎也寫不出來的問題，居然一一迎刃而解。

當時，擋在我面前的並不是天生的數學頭腦，壓抑我的真兇是：**認為自己不會更好、一切難以改變的固定型心態**。

明白世界並不是非黑即白後，我決定要跳脫出束縛自己的固定型心態。我想要擺脫限制無窮潛能的框架，選擇相信或努力能帶來改變，並且能夠成長的世界；更不想在未嘗試過的情況下就放棄，或是整天找藉口。

我們生活的環境並非簡單的直線，而是一個立體的世界，影響成功的因素錯綜複雜，包括：天賦、刻意努力、願意犧牲、有效的策略及方法、耐性、韌性、自制力等。

現在對我而言，失敗的意義已截然不同。在固定型心態的世界裡，失敗就是我本人，無法改變。但如果是成長型心態，失敗並不等於我，而是努力、方法、過程等，所導致的結果。

換句話說，只要我改變選擇，經歷不一樣的過程，一定能改變結果。

我下定決心不再把命運交給那些我無法選擇的事物，也決定不再被那些不可控的因素自我設限，能改變自己命運的，只有我自己。

因此，我終於不再自嘲自己，也不再輕視自己的能力。即使那句話並沒有錯，但我現在已明白，成功並不在於先天條件，而是我能否堅持到最後一刻。這並不是在否定才能，發揮天賦同樣很重要。只要有自己的專長並充滿渴望，那就勇敢去做。然而，大多數人一開始往往不知道自己的專長與天賦，必須親身體驗才會發現。倘若連試都不試就放棄，那就會錯過許多可能性。

要活在怎樣的世界，是每個人的自由。我非常珍惜自己的人生，也重視夢想，因此，我決心活在一個相信自己能夠做到、能夠改變、成長的世界。從這一刻起，我不再懷疑自己的潛能，也決不被別人的質疑影響。

我的人生主角是我，我必須比任何人都更相信自己的潛能。

下定決心那天晚上，我在一張小紙條上寫下這些句子，貼在書桌上。

「倘若連試都不試就斷定自己不行，你永遠都不會知道自己還有多少無限的可能性。」

讀書的真正目的

大概是在被診斷出憂鬱症以後，重新回到學校的高一下學期吧？脫離的固定型心態後，我開始慢慢有了新的發現。

首先，讀書的目的變得截然不同。之前，讀書的動機可能是為了贏過他人、想證明自己很聰明，然而從那時候起，讀書是為了創造很棒的自己。

比方說，我今天有遵守承諾，代表我很勤勉，並透過一天比一天更進步，藉此培養學習能力。即使有時可能會失敗，但還是願意重新挑戰，並且讓自己更具韌性及受挫力。

這種發現潛能、持續相信自己的過程，就是一種學習。

而無論未來會遇到多少困難，我們都相信自己有能力去解決。這就是學習的真正目的。

一旦決定了夢想，就能明白為什麼需要學習。從此以後，讀書不再只是為了考試，而是為了增廣見識和知識量，然後真正變聰明。

簡單來說，**所謂讀書就是持續成長和學習，讓自己成為更好的人的過程。**

我在寫《密集讀書法》時，採訪的學習顧問們也同樣表示，雖然他們成功在短時間內考上頂尖大學，但並不是把讀書當成提升成績的手段，而是視讀書為重要目的，透過學習開發自己潛能，同時讓自己變更好。

擊破一個又一個束縛自己的繭，走出來的過程，其實就是學習。

從那天起，結果對我不再那麼重要，今天是否成功度過才是重點。因為我無法控制結果，但至少能選擇要如何度過一天。

換句話說，別人無法評論我的成功，只有我自己懂、自己才能評論。

每一天的目標，也就是決定當天「成敗」的標準有三項。我每天都會在睡前反問自己：

「今天真的盡力了嗎？」

「今天比昨天更進步嗎？」

「今天學新事物了嗎？」

為了實現這個目標，我也訂了三項行動指南（見第一六七頁圖表5-2）。

1. 一天二十四小時，不浪費時間超過三十分鐘。
2. 每天記錄自己的進步。
3. 每天記錄新學習的事物。

我本來沒有固定寫計畫本的習慣，自從那天以後，我開始認真寫。當時市面上還沒有以三十分鐘為單位的計畫本，所以我自己設計了一套格式。

首先，我以每三十分鐘為單位，從起床標示到睡覺，然後在睡眠、用餐、參與學生會或社團活動等無法讀書的所有時段，塗上顏色。接著，計算剩下沒塗上顏色的格子，也就是今天可以讀書的時間總和後，按另外規畫的一週讀書計畫，分配每天該讀的分量。當然，還包含適當休息時間及足球之類的休閒活動，畢竟我們不可能二十四小時都在讀書。

除此之外，我也修改計畫，**給自己一個週末特別時段**。如果沒能照計畫走，也可以運用這個時段彌補。

最後，結束一天時，也會一併寫下今天新學到或領悟的事。

我的每一天並不都是「成功」的，很多時候也沒能照計畫走，但寫計畫本讓我逐漸減少自己浪費的時間，後來升上高三時，幾乎就能完全照計畫運用時間。

計畫本最重要的是寫下每日計畫，記錄自己做到的事情，並親眼見證、感受自己越來越進步，每一天過得越來越充實。

一天、兩天、三天、四天……，累積越多，對自己就越有自信。

所以，在撰寫計畫本的同時，我也會努力記錄自己的成長。

一開始，我只是用碼表記錄讀書時間，單純每天想多讀一點。接著，我開始設定每月目標，比如答對多少題數學練習題，或特定時間內可以背多少單字等（見第一六八頁圖表5-3）。

等課業逐漸上軌道、成績有所提升，就記下進步多少分——這就是刻意感受

圖表 5-2　實現目標的 3 個指南

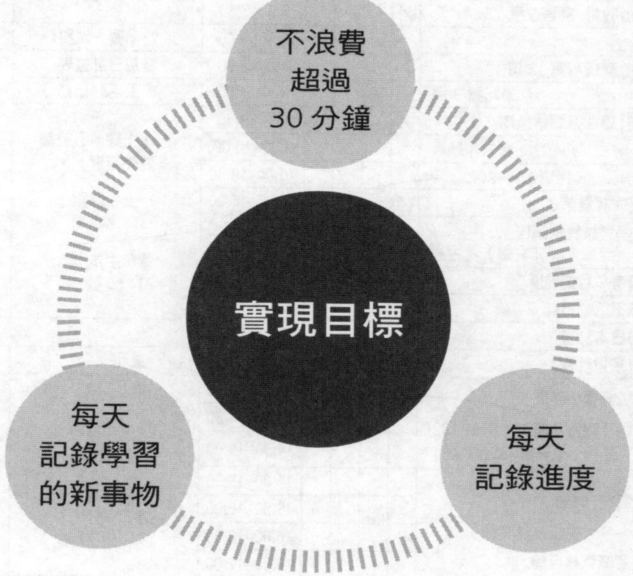

STEP 1

以 30 分鐘為單位，標示所有無法讀書的時間，並塗上顏色。

STEP 2

計算剩下沒塗上顏色的格子，也就是當天可讀書的時間總和。

STEP 3

分配讀書量，包括休息時間。另外利用週末特別時段，彈性運用在來不及完成的計畫。

圖表 5-3　我的讀書計畫表

2009.11.17	完成	延期	取消	進行	時間	計畫	實踐
① 數學 Mega Study數列極限					6:00–6:30	起床	
Chap 1 考古題 130 題				✓	6:30–7:00	（足球）	足球
② 指數、Log教材　寫第 5 章	✓				7:00–7:30		
					7:30–8:00	吃早餐、洗臉	
③ 韓國地理 聽課程第 13 篇	✓				8:00–8:30	寫每日計畫表	完成
⇒筆記讀 3 遍		✓			8:30–9:00	志工活動日誌	
④ 韓國歷史 讀 3 遍朝鮮後期文化	✓				9:00–9:30	（上課前五分鐘要先複習） 一上午課程 一休息時間 背單字本 21–80 號	good！ 完成 →背 21–90
⇒寫去年題庫					9:30–10:00		
⑤ 英文 寫Hackers托福 15P–20P					10:00–10:30		
⑥ 寫每月英文評量第 3 回	✓				10:30–11:00		
⑦ 語言 入學考試特別講座（非文學）考古題	✓				11:00–11:30		
⑧ 網路模擬考（目前範圍）		✓			11:30–12:00		
⑨ 上午：志工活動日誌	✓				12:00–12:30		
⑩ 建立參訪日本計畫		✓			12:30–13:00		
⑪ 寫下個月學習計畫				✓	13:00–13:30	東西	
〈每日讀書／分量／時間〉					13:30–14:00		
＊東亞共同體（教授朴繁洵）87P–132P					14:00–14:30	一下午課程 一休息時間 數學（教材） 寫 4P–5P	完成 5P 第 21 題 星期六 寫進錯題本
＊外交教父－亨利．季辛吉 35P–42P					14:30–15:00		
〈每日讀書內容提醒／實踐〉					15:00–15:30		
					15:30–16:00		
〔昨天晚上～今天中午休息時間〕					16:00–16:30		
一班傑明．富蘭克林自傳 第 13 章〈沉默〉					16:30–17:00		
					17:00–17:30		
少說對自己或他人沒有幫助的話，少聽沒有用的話。					17:30–18:00	YUPAD聚會	明天給資料
					18:00–18:30		
一實踐：★★★☆☆					18:30–19:00	③ 韓國地理 網路課程、複習	完成 →明天上午
一反省：晚自習時和浩龍在走廊上聊了 40 分鐘的遊戲話題。					19:00–19:30		
					19:30–20:00	① 數學 Mega Study 數列極限 Chap1	明天複習第二篇＋寫剩下的 60 題
					20:00–20:30		
					20:30–21:00		
〈每日一句〉					21:00–21:30	點心	
讀書不是人生的全部，但如果我這件事都無法征服，我還能做什麼？					21:30–22:00	② 入學考試特別講座（非文學）	完成 星期天晚上 寫進錯題本
					22:00–22:30		
					22:30–23:00	指數、Log教材 寫第 5 章	
					23:00–23:30		
					23:30–24:00	④ 韓國歷史 寫第 3 篇	
					24:00–24:30	寫考古題	明天晚自習
					24:30–1:00		

「成長」。

我時刻檢視自己，若進步就將這個成長變成下一個成長的動力。這樣的過程，成功鍛鍊了我的意志，使我不再與他人比較，即便失敗也不會受影響。所有事情都不可能一蹴而就，重要的是過程耐心等待，失敗就重新站起來。成長型心態能夠培養耐心及恢復能力，創造出面對挑戰的力量，讓我們能抵達目的地。

因此，不必和他人比較，也不要因為當下的結果而情緒起伏，就把今天比昨天進步當成目標，認同並稱讚自己的成長和付出的汗水吧！

相信自己和你的努力，今天一定比昨天好，明天一定也比今天好。

「就相信自己一次吧！別因為害怕出錯而畏畏縮縮，也別時刻提心吊膽，擔心別人如何看待自己。（我告訴你一個祕密）不是別人的目光創造自己，而是你的目光創造你自己。所以你要更常稱讚自己，用正面角度看待自己。你現在做得很好！」

——韓劇《浪漫醫生金師傅》

連奧運金牌都需要刻意努力

如果你已經準備好擺脫固定型心態，下定決心要脫胎換骨，那現在就可以進入下一階段，也就是培養真正的讀書能力。

為了培養讀書能力，你需要深入思考自己該做哪些改變。在成長型心態裡，改變的關鍵就在於，找出成長的機會。

除了讀書的頭腦外，我個人也很討厭另一句話，就是韓國人說的「屁股持久力」。因為「屁股持久力」總給人一種彷彿不管三七二十一，只要多加努力就會有好結果的刻板印象。

當然，對不努力的學生而言，先努力坐在書桌前一定是前提。

但第一次考試只拿三十分，甚至因為數學成績不佳想退學，我並不是不努力。我真的很努力讀，結果卻依然不盡理想。在現實生活中，我也經常看到像我一樣，成績不理想，卻不仔細思考究竟是哪裡出錯，只執著於努力的學生。這也是那些排名中上、課業成績表現優良的學生經常掉入的陷阱。

對於這些學生而言，「屁股持久力」並沒有實際幫助，只是給他們根本難以實現的希望。

我自己也曾如此。對於已經很努力卻不順利的人，叫他再努力，只是讓他更懷疑自己。其實，這可能只是我們對「努力」認知錯誤了。

世界知名的心理學家安德斯·艾瑞克森（Anders Ericsson），在《刻意練習：原創者全面解析，比天賦更關鍵的學習法》（*Peak: Secrets from the New Science of Expertise*）一書中，表示努力有兩種，分別是「刻意努力」和「機械式努力」。

根據他的說法，刻意努力的人能持續改善自己的缺點，並且不斷成長。因為他們每一個努力都有明確的目標，時刻都在思考自己是否還需要改善、能否讓自己變更好。

我寫《密集讀書法》時採訪過一位學習顧問，他曾是花式滑冰選手，看過知名花式滑冰選手金姸兒的訓練過程後，他說：

「同樣的練習，她做了上百次，但是每一次都是非常刻意的練習，仔細找出自己不足之處，並且不斷修正。我想，能夠重複同樣動作數百次，只為了找出最美的姿勢，這種韌性就是讓金姸兒[3]變成世界第一的原因吧！」

這也就是「刻意努力」。

相反的，只是像機械般努力的人，即使投入再多時間和精力，也不會有太大變化。因為這些人缺乏反思的能力，通常只想著「我已經很努力、很認真了」，並對現況感到滿足。

因此艾瑞克森說，用對方法和花時間努力同樣重要，甚至可能更重要。所以我們必須客觀公正看待自己，好好思考自己的問題點及如何修正改善。我以下是讓自己真正成長的三種方法：

1. 充分努力。
2. 習慣客觀檢視自己並給予回饋。
3. 藉由以上兩種方式，找出根本問題並集中改善。

所以，我們不必因為努力得不到回報而灰心喪氣。因為這表示，你只是還沒找到需要修正的問題點，只要付諸努力改善問題點，無論何時都能改變。

在黑暗中，最折磨人的就是看不見前方的道路，但是你們是有路可走的。不是因為天分不足，不是因為你們笨，只是尚未找到正確方法、解決問題的方法。

從現在開始慢慢回顧自己，刻意付出努力吧！接下來我會說明該如何發現問題點，刻意努力。

看影片不是真正的讀書

我開始的第一步，就是前面提過的計畫本，我用這個計畫本記錄一個月的讀

3. 韓國退役女單花式滑冰運動員。七歲開始學習花式滑冰，在二〇一〇年，奪下第一面冬奧花滑金牌，同時打破自己的紀錄，第十一次刷新女最高分成績，成為韓國花滑歷史上第一個大滿貫得主。

書進度。最初，我每天都會記錄自己如何運用時間、做了什麼。在讀完書後，我會記下自己的感受，並思考哪些還尚待加強。我花費了整整一個月，就像在監視自己一樣，每天客觀檢視自己讀書的狀況。

如果發現不足之處，就去找老師、學長姐、朋友等，不管是誰就去問，問比自己厲害的人怎麼讀書、有沒有更好的方法。有時下課，我還為了問老師跟到廁所前面。

經過這些努力後，我終於發現一處關鍵問題。

「承右！看課程影片不是真正的讀書。」看了我的讀書時間表的學長姐異口同聲表示。

很快的，我也明白了這句話的意思──我一直都是「假裝」讀書。在那之前，我讀書並不是為了培養自己能力，只是為了滿足「我在讀書」的虛榮心。

我之所以發現這件事，是因為我花太多時間聽課。我們學校因為地處偏郊，很多學生都選擇線上課程來補強，因此很少去上實體課。我幾乎報名了所有科目的線上課程，而這也占據了我大部分的時間。

當時，因為我數學程度不好，光數學課程就報了三堂。平日配合學校課程進度，我會各聽一堂概念解析及解題技巧的課程，週末則參加線上先修課程。

此外，還有國文、社會、自然。其中幾堂的線上課程，老師還會分享趣事，讓我在教室看影片不時都會笑出來。一天花四、五個小時聽線上課程，就覺得自己好認真讀書（線上課程也可以替換成補習班）。

這麼一說好像也挺合理的，就像別人餵你吃飯一樣，講師也把知識直接塞進你的腦中，不僅容易理解又有趣，還不用自己苦思該如何解題或理解概念。

但問題就在於：時間一過，那些知識就忘了。

當下好像都懂，因為不是自己整理、動腦得來的知識，一轉眼就忘了。

試想，光聽或看優美的音樂演奏，並不代表我們同樣能演奏出優美音樂。唯有親自演奏，反覆數十、數百次練習，才能真正演奏出優美曲子。

因此，我立刻採取行動，將線上課程減少到三分之一，並大幅增加寫評量、整理筆記等的時間。如果聽線上課程，就花至少兩倍的時間複習、寫題目。

之後，我也對是否應該報名線上課程，更慎重考慮了。

「學校課程不夠嗎？」

「這個線上課程對我的課業很重要嗎？」

「聽了這個課程後，我還有充分複習的時間嗎？」

如果這三項問題都得到「是」的答案，那就去報名新的線上課程。

一開始我很不安，但隨著讀書時間的增加，原本覺得很複雜的問題或不懂的概念，我漸漸有了頭緒。當我脫離靠讀書時間獲得滿足感的想法，真正感受到自己「真的」越來越厲害之後，我就更加堅信這個方法。

考卷裡的後設認知

第二個理由，是當我攤開以前考卷時，我發現很多題都是自以為懂，結果考試還是答錯。比如明明已經將錯誤記在題本上，或認為自己已經理解，結果一考試還是寫錯。

這種情形我們稱之為「後設認知」（Metacognition）。後設認知是指認知的認知，簡單來說就是認識自己。

這情形在數學尤其嚴重。複習答錯的問題後，就認為自己懂了，或是看了解析演練，結果考試時還是寫錯，這些情況多得不計其數。究竟為什麼？

理由很簡單，因為我並沒有真正搞懂，只是把目標放在寫練習題這件事上。換句話說，「寫完」練習題成了讀書的目標。因為沒有把那些自己不會的、寫錯的，或雖然答對，但下次碰到可能還是寫錯的問題反覆練習兩、三遍，自然每次都會一錯再錯。

釐清自己讀書的問題點後，我首先找了市面上錄取心得或讀書方法的書籍，並且一一向同學請教。

聽取他們的意見後，我找到以下兩項共通點：

- 運用比吸收更重要。
- 反覆練習一本數學評量比寫許多本，但各做一次重要多了。

其實，這兩項建議的核心在於，是否能填補讀書方式的缺失。但以前我總是把進度看得最重要，汲汲營營於快速解題，當然不知道自己的讀書方式有問題。這就是艾瑞克森說的缺乏目標意識的「機械式努力」，只是挑竹籃子打水。

之後，我決定建立兩項讀書原則，改善自己原本的讀書方式（見第一八〇頁圖表5–4）。

第一，**複習完，務必確認自己是不是真的懂**。

例如，不看教材、花十分鐘把剛剛的內容寫在白紙上。有時自己練習口述，必要時也可以參考目次，回想詳細內容。如果動手寫或練習說明時不順，就重新讀那個部分。

第二，**一開始解不出來或艱難的問題，一個月內至少練習三次以上**。

假設有一本一百題的數學評量，初次解題時，我很快就完成七十題，剩下的三十題可能寫錯、不知道答案，或者雖然答對，但自己也不太確定，我就把這三十題標為「需重新練習」。

接下來，我就努力寫進錯題本、看解析學習正確解法，或了解為什麼要這樣解題。之後，再重新練習那些需要重新練習的問題。如此反覆下來，通常，三十題當中的二十題已經不需要重新練習。但還剩下十道容易搞混的問題，就繼續反覆前面的流程，直到全部搞懂。

明白問題出在哪後，我開始看清眼前該走的路。

大概八個月後，奇蹟發生了。

贏家的路，只為學習的人敞開

熱血的高一結束，不知不覺高二也慢慢上了軌道。一如往常進行模擬考時，卻發現自己考卷寫得十分順手。平時覺得困難的問題，腦中卻自然浮現出解法，國文或英文科目題目也一下就掌握出題的意圖。

「怎麼感覺成績會比之前好很多？」

一考完試，我就有一股好預感。幾天後收到的成績單上，寫著令人難以置信的排名——「全國第十一名」。

圖表 5-4　改善自己的讀書方式

複習完，確認是否理解

不看教材，花 10 分鐘把課堂上的內容寫下來。或是練習口說表達。

↓

如果複習不順，就重讀該部分。

不會寫，一個月至少練習 3 次以上

不太懂或錯的題目，標示成需要重新練習。例如 30 題。

↓

寫錯題本，看解析學習正確解法，再重新練習。假設只剩 20 題，就再重複上述步驟。

那是完全沒有想像過的排名。父母、同學、老師們全都大吃一驚，不過一年前還吵著要退學的人，居然創造出驚人的大躍進。那是距我在高中第一次數學考試中拿三十分，一年兩個月後發生的事。

當然，這個成績並沒有一直維持下去。說實在，那次是因為我不擅長的科目考題比較簡單、擅長的科目比較難，才有那樣的好成績。

之後，我的成績雖然起起伏伏，但那次經驗已留下更勝於排名本身的寶貴經驗——讓我相信只要相信自己做得到，就一定能實現。

不執著於排名或分數，只要讓自己一天比一天更好，並在過程中找到、解決問題，這些時間一定能得到回報。

此外，在這個過程中，我還體會到另一件非常重要的事，那就是成長型心態——**不要為自己當下的能力不足而感到羞恥。承認自己只是「還沒」做到好，才能有所進步。**

經過這段時間的努力，我終於破繭而出，不再害怕向他人詢問。

在固定型心態的時候，我曾認為自己天分不足、是個笨蛋，但轉換為成長型心態後，不恥下問一點也不羞恥。明明清楚自己不足之處，還不願意彌補、不學習，那才真的羞恥。

即使現在的你還不是那麼厲害，也不需要感到灰心喪氣、挫折或羞愧，因為各位一定會成功，一定能走到目的地。所以，請善用所有能使用的資源，努力彌補不足之處吧！找人幫忙，請他人給予建議吧！不管是老師、父母、學長姐或比各位擅長任何一科的同學，就去問吧！詢問再詢問，其實大家都很樂意助人。

美國知名社會學家班傑明．巴布爾（Benjamin R. Barber）說：

「世上沒有強者與弱者，或贏家與輸家的區分，有的只是願意學習的人與不願學習的人的區分。」

真正強者、贏家的路只為願意學習的人敞開，請各位一定要銘記。

「別看得太遠，
命運鎖鏈一次只能處理一環。」
——英國政治家／邱吉爾
（Winston Churchill）

Chapter 6

聚焦一件事就好

目前為止，這是為了跨越讀書高牆、重新主導人生，尋找並探索夢想的奮鬥故事。

能夠讀到這裡，表示各位已經具備足夠的能力和心態，將來能夠迎接各種課業挑戰。

要是故事像童話一樣，從此過著幸福快樂的日子，那該有多好。但人生不可能總是順心如意，俗話說：「好事多磨。」每一步都充滿了挑戰。

拿到全國第十一名的成績單後，我好一陣子諸事不順。雖然我並沒有刻意追求頂尖成績，但那次確實成績比以往好很多。正如同第二章提到的，經過孤軍奮戰，我甚至當選了學生會會長。YUPAD社團也逐步上軌道，同年五月，還募集到超過一百名的同學，召開全國大會。

隨著事情越來越多，最先影響到的就是讀書專注力。天氣日漸炎熱，一坐在書桌前就昏昏欲睡。忍不住打了個盹，醒來後打算重新念書，卻發現腦中被各種雜念占據，很難集中精神。

想好好表現反而有害

從學生會、社團活動，到週末的同學聚會，各式各樣的想法不斷浮現。那時，我在社團還認識了喜歡的女生，好不容易鼓起勇氣告白，卻被一秒回絕。後來，靠自己調適，才勉強穩住浮躁的心思。

某天我實在不太想讀書，便跟老師說要去看醫生，其實是偷跑去看電影。回來後被抓包，還被老師訓斥了一番（一嘗愛的小手滋味）。隨著時間流逝，我的校園生活越過越懶散。

我之所以會這樣，還有另一個問題。當我拿到好成績後，反而更有壓力，覺得自己必須比現在更好。雖然我曾下定決心只和自己比較，但每當看見成果時，就開始更貪心，希望自己能有更好的表現。

過去那種執著又開始浮現。

貪心開始帶來更多壓力，明明之前還享受盡力過好每一天，讓明天變得比今天更好的成就感，現在卻開始焦慮，想著該怎麼快速提升成績。

在抱持這種心態下，我的待辦事項越來越多，時間卻越來越少。計畫本上代表完成實踐的圈圈，一下子就比叉叉還少。日復一日，成就感逐漸被累積的罪惡感所取代。

這種情況越來越多後，自然讓我更不想讀書了。以前是認真準備後，成果依然不理想，滿腦子總想：「一次也好，拜託讓我達成目標吧！」結果，當願望實現後，想抱持好表現的想法，卻成了負擔和壓力。

以前那種連開始讀書都害怕，只想逃避的日子又再次上演。

想好好表現的心態，的確可以成為重要的動力。然而，當我們過於急躁，或者感到受太大壓力時，反而可能會導致我們選擇逃避。

於是又開始拖延計畫，讓自己陷入罪惡感。這樣的自責又會進一步消磨自信心，導致我們離目標越來越遠。

這種惡性循環，正是我們常說的低潮期。

當夢想過於遠大、目標太高遠，我們往往更容易陷入這種情況。以前，我指導過的一位國中生，就和我分享了他的感受：

「我看完韓劇《機智醫生生活》後，決定未來要當醫生。看到救人那麼有價值，我非常渴望成為醫生。但是，有了夢想以後，我的讀書習慣卻逐漸崩壞。因為我承受不了當醫生夢想的重量。當我知道為了當醫生，我必須比其他人更努力讀書，那種壓力和擔心自己能否做好的恐懼，讓讀書倦怠期找上門。」

我自己也是如此。成績提升後，就想一定要保持下去、一定要考上自己夢寐以求的大學。但這些想法卻逐漸變成負擔，壓垮了我。尤其現實目標差距過太，即使我心中再渴望，也不敢再想下去，更別提跨出第一步。

這時，人們常常誤以為是「我意志力不夠」、「不夠渴望」，但問題的本質並不在於意志力不足，也不在於缺乏渴望。事實上，正是因為我們太想好好表現。而人們也未曾意識到，**這種求好心切所帶來的壓力，才會不知不覺就想逃避**。但是，越是試圖逃避或消除這種心態，反而只會越來越強烈。

其實，要擺脫這種心態的方法，只有兩種：表現好到跟期待一樣，或乾脆放棄這樣的想法。

但現實生活中，要在短時間內變很厲害並不容易，因此很多人因為無法承受而選擇放棄。確實，很多小時候被稱為「天才」或「明日之星」的孩子後來完全變調，其中一個原因就是克服不了「必須變更厲害」的壓力。

這時，與其茫然告訴自己要更努力、更堅定意志，不如承認自己已經有壓力，並且正在逃避。唯有正視問題，才能找到真正的解決方法。然後，從小地方開始，用智慧慢慢累積成果。

接下來，我們來談這個方法。

懶惰的完美主義者

韓國曾在網路上流行「懶惰的完美主義者」一詞，完美主義是指對所有事情要求完美的人格特質。據說許多知名運動選手、科學家、藝術家，都具有這樣的特質，例如：米開朗基羅（Michelangelo）或韓國的李舜臣將軍等人，他們正是靠著完美主義，達到至高無上成就的代表人物。

積極的完美主義往往形成一股強烈的動機，即便身處惡劣環境，依然能取得優異成就。即使他人認為已經足夠，他們依然會注意枝微末節，付出更多努力、不斷苦思。

然而，問題就在於很多人往往會因為完美主義或感到壓力，而無法邁出第一步，我們稱之為「懶惰的完美主義」。

與其說他們是懶惰，倒不如說是因為太想好好表現，導致行動看起來像偷懶。這些人知道自己應該更完美、更努力，卻因壓力或恐懼，遲遲無法行動。目標越大，這種懶惰的完美主義就越容易出現。尤其是腦海滿是遠大計畫，卻始終難以開始的人。

舉例來說，睡前突然滿腔熱血，計畫明天早上一定要六點起床寫數學練習題、背兩百個英文單字。結果，隔天起床後，前一天的雄心鬥志消失得無影無蹤。冬天天氣寒冷、電熱毯那麼溫暖，爸媽花大錢買的高級床墊就和電視廣告說的一樣，大象來踩也吵不醒我，一點都不想讓自己離開舒適的床。

接下來會怎麼樣？再睡一下，再睡一下，然後就八點、九點、十點、十二點……。真是神奇的魔法，什麼都還沒做，時間就到中午了。然後，「完美主義」的惡魔又開始作祟。

「既然今天都這樣了，不如明天再開始吧！」

「既然都搞砸了，今天就乾脆盡情玩，明天再照計畫走就好了……。」

這些都是懶惰完美主義的典型特徵。以下是一份自我檢測表（見左頁圖表6-1），如果符合超過五項以上，即有可能是懶惰完美主義者。

其實，我自己也是其中之一。

我總是想很多，每當完成一件事以後，我會覺得自己做得很棒，同時也常常惋惜，認為自己可以做得更好。即使稍微偏離原本的初衷，我也會因為不完美，乾脆全部放棄。

我也經常因為害怕失誤或做錯，而不敢挑戰，甚至因為追求完美而錯過繳交期限。印象最深刻的一次，是報考首爾大學時，我為了讓自我介紹更完美，不斷

圖表 6-1 懶惰完美主義自我檢查表

- □ 做選擇時經常花太多時間思考，是否還有更好的選擇。
- □ 對自己不滿意，經常後悔，心想「明明我還可以表現更好」。
- □ 稍微偏離計畫一點，就會乾脆放棄。
- □ 每次開始做某件事情時，就會感覺自己還沒準備好。
- □ 不希望讓他人看見自己的不足之處或不完美的地方。
- □ 經常為了把作業做到最好，而錯過繳交期限。
- □ 經常因為害怕做錯，連第一步都不敢邁出。

修修改改，直到最後一刻才交出去（我還清楚記得當初手腳都在發抖）。

完美主義是韌性的起源，不會因為差不多就妥協，而是追到天涯海角也要做到最好。

一位首爾大學醫學院學生就說：「首爾大學醫學院就是一群焦慮症病人聚集的地方。因為害怕不完美，只要看一次的東西，他們得看兩次，只要看兩次的東西，他們得看三次。」

其實，完美主義展現了扎實的學習基礎。因此，我們並不需要完全排除，而是學會克服並積極運用。

接下來，讓我們一一找出導致問題的原因，以及解決方法。

如何將大象放進冰箱？

「目標值太高。」

「計畫太遠大。」

「經常認為不是零就是一百，非黑即白。」

懶惰完美主義者具有一些共通問題，目標不是太高，就是太大，根本沒辦法輕易下手。他們所設定的目標或計畫往往過於沉重，忽視了應該從細微的地方著手，只想一氣呵成。他們不懂該怎麼開始，甚至連第一步該往哪走都不知道，當然難以跨出第一步。

大家聽過「如何把大象放進冰箱」的迷因嗎？大象的體型比冰箱大，因此網路上出現了各式各樣的幽默答案，這個迷因也因此廣為人知。

「如何把大象放進冰箱」的關鍵在於：冰箱太小，不可能直接把大象塞進去。若大象還是一樣大，冰箱又那麼小，我們就沒有其他選擇，雖然對大象感到很抱歉，我們最終也只能把大象分解放進去。

我之所以做這樣殘忍的比喻，正是為了找出難以跨出第一步的真正原因。我們要做的事情就像這隻大象一樣，體積大到難以消化，就像遇到了很難爬的高山或難以跨越的高牆。相比之下，我就是那個難以容納大象的小冰箱。如果試圖將整隻大象塞進去，當然是不可能的。當事情遠超出我的能力，自然被壓得喘不過氣。想要一口氣翻越整座山，當然很難邁出步伐。

這時，我們能用的唯一方法，就像分解大象一樣，把事情分成好幾項，並藉此提高執行的機會。

我將這稱為「分解思考」，也有人稱之為「分解法則」。想實現目標，我們就得把過程細分。舉例來說，若想擁有好成績，與其把目標放在認真讀書，不如把重點擺在先做在書桌前，打開課本。

我自己也是這樣，我採訪的眾多學習顧問也是，他們靠著每一天的努力填滿遠大目標。**克服「懶惰完美主義」的唯一方式，就是把該做的事情細分再細分。**

曾在高中時期包辦全國第一，還在首爾大學經濟系，以最年輕的考生身分，通過行政考試的學習顧問這樣說：

「假設我打算三小時內寫完二十題數學，往往很難開始，也很難維持專注。所以，我刻意將二十題問題分為每五題一組，列出確認清單，每完成一項就標示。即使沒解完，我也不會直接視為失敗，而是記錄達成率。就像在遊戲中解任務一樣，讀書壓力小了，比較容易有動力。」

確實如此，分解思考不僅容易上手，還能明顯增添動力，讓我們能夠持續推動計畫。

舉例來說，若計畫是「寫完第一到第二十題」，但最終只完成十七題，無論多麼努力，也算是計畫失敗。

然而，若將目標分成第一到第五題、第六到第十題、第十一到第十五題，即使同樣只做完十七題，仍可以獲得三個成功經驗，進而感受到實現下個目標的成就感。

這稱之為「**骨牌效應**」（見下頁圖表6−2）。大家只要想想骨牌如何依序翻倒，就能理解個中意義。

這聽起來或許很像是廢話，不過各位想想，今天就算數量再多、再複雜，但如果是骨牌，要翻倒這些骨牌的方法只有一個——**推翻第一個骨牌**。所有骨牌都連接在一起，只要最前面的骨牌一倒，其他就會跟著倒下。

這裡還有一個重點，要是那些骨牌大小慢慢增加，結果會如何？根據物理學

圖表 6–2　推倒第一張牌的骨牌效應

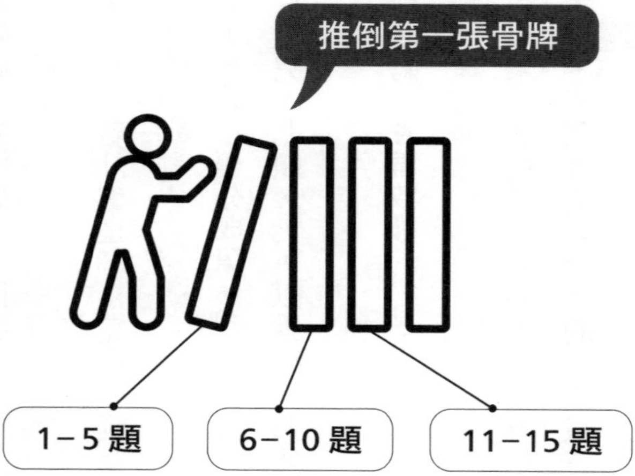

者的研究，即使接下來的骨牌是前一張的一．五倍，一張骨牌仍足以擊倒它。

要是第一張骨牌有五公分高，下一張骨牌都是前一張的一．五倍，第十七張骨牌足以擊倒比薩斜塔（Torre di Pisa）、第二十二張骨牌足以擊倒艾菲爾鐵塔（Tour Eiffel），第三十一張骨牌則還比聖母峰高出九百公尺。

我們只要將遠大目標細分成好幾項，同時慢慢增加這些小目標就可以了。

即使第一步邁出的步伐再小，

只要今天比昨天更好、明天比今天更好，一步步走下去，就能讓小小的開始成為巨大變化，擁有實現目標的力量。

人們經常認為想要做出變化，實現目標，必須從重大之處開始著手。然而，這種認為只有做出重大改變，才能實現目標的想法，其實來自於急躁的心態。

試著回想一下自己的經歷，當我們真心想要大幅改變時，真的能改變嗎？事實上，現在我們更應該專注在，那些簡單又輕鬆的小事。

當我們真的開始著手某件事，心裡一定要想：好像沒那麼難？應該做得到！說不定真的可以做得很好？有了這種想法，幾乎就等於跨出第一步。

我們應該將心力放在創造小的開始，讓每一天都比前一天更好，如此一來，才能抵達真正目的地。

大谷翔平和比爾・蓋茲都在做的事

這裡介紹的分解思考不僅對課業有幫助，據說那些被稱為天才的人大都也非常擅長分解思考。

微軟傳奇軟體工程師中島聰在《為什麼你的工作做不完？：微軟傳奇工程師「贏在起跑點」的高效時間管理術》一書中提到，他曾與比爾．蓋茲（Bill Gates）共事過：

「比爾．蓋茲非常擅長藉由分割工作來解決問題。你聽過法國哲學家笛卡兒（René Descartes）的『研究問題的方法』嗎？這是一套把複雜問題分解成小問題的理論，最徹底實踐這套方法的人，大概就是比爾．蓋茲了。」

前面介紹過的曼陀羅計畫表，也是一種分解思考。接下來，我們來看看大谷翔平的曼陀羅計畫表（見左圖表6–3）。

大谷翔平是目前效力於美國職棒大聯盟洛杉磯道奇的棒球選手，曾是日本國家代表隊選手的他，素有「努力型天才」之美譽。據說他在高中就已經寫好曼陀羅計畫表，此方法也因此廣為人知。當時，大谷的夢想是獲得日本八大球團第一

圖表 6-3 大谷翔平高一時設定的曼陀羅計畫表

維持身體健康	吃保健食品	頸前深蹲 90 kg	改善內踏步	加強軀幹	穩住身體軸心	投出犀利角度	從上把球往下壓	加強手腕
柔軟度	鍛鍊體格	傳統深蹲 130 kg	穩定放球點	控球	消除不穩定的部分	放鬆	球質	用下半身主導投球
體力	關節活動範圍	吃飯：晚餐 7 碗 早餐 3 碗	加強下盤	身體不要開掉	控制心態	放球點往前	增加球的轉數	關節活動範圍
擁有清晰目標及目的	不讓情緒大起大落	頭腦冷靜內心熱情	鍛鍊體格	控球	球質	以身體中心軸旋轉	加強下盤	增重
堅強應對危機	心智能力	不讓自己受周圍影響	心智能力	8 大球團第一指名	球速 160 km/h	加強軀幹	球速 160 km/h	加強肩膀肌肉
不製造情緒起伏的狀況	堅持奪勝	照顧同事的心	人品	運氣	變化球	關節活動範圍	平飛球傳接	增加投球數
感性	受人愛戴的人	計畫能力	打招呼	撿垃圾	打掃房間	增加拿到好球數的機會	完成指叉球	滑球球質
體貼	人品	感激	珍惜球具	運氣	對裁判的態度	慢曲球	變化球	針對左打者的關鍵球種
禮貌	被人信賴的人	續航力	正面思考	成為他人願意幫忙加油的人	讀書	用近似直球的姿勢投球	控球能力	將距離圖像化

指名。為了達成這個目標，他將所有需要的條件都寫在曼陀羅計畫表上。

為了達成最終目標，他將實現夢想的過程分成八個小目標，包括鍛鍊體格、控球、球質、心智能力、球速一百六十公里、人品、運氣、變化球等。

接著，再劃分出更小的目標。比如為了丟出時速一百六十公里的快速球，他設定了加強下半身肌肉、增重、加強肩膀肌肉等小目標。

雖然這些小目標沒有寫在表格裡，不過他以曼陀羅計畫表為基礎，自行劃分了更小的目標。

舉例來說，為了加強肩膀肌肉，列出自己可以做的運動，並計畫如何增重。將目標分成**「最終目標↓小目標↓更小的目標」**，就能找到當下可以立即著手的事。例如，為了加強肩膀肌肉，每天去健身房，然後決定當天的第一項運動。之後，就不需要煩惱太多，只要專注當天的運動計畫。

大谷翔平從目標倒推，逐步設定了實踐的過程。十年後，大谷真的成為「二刀流」（兼任投手與打者的棒球選手），他的速球球速超過一百六十公里，甚至達成世界第一快一百六十五公里的紀錄，並且從日本職棒進軍美國大聯盟。二〇二一年、二〇二三年，他還曾兩度獲得美國國聯年度MVP，被稱為世界上最厲害的棒球選手。

將遠大的目標細分再細分，列出並專注完成每日可執行的事項，這些小目標就會積沙成塔，實現遠大目標。這正是分解思考所帶來的骨牌效應。

面對遠大的目標或龐大的計畫，我們常因恐懼和負擔而裹足不前。如果只是眼巴巴望著山頂，結局會如何？大概爬不到山頂吧？第一，我們不敢想自己能一口氣爬到那麼高的地方，第二，光看著山頂走，無法確認自己現在是否走在正確的道路上。

美國洛杉磯加州大學（UCLA）行為科學研究者肖恩．楊（Sean D. Young）也曾在《恆毅力的七堂課》（*Stick with It*）一書中，建議大家若想改變行為或習慣，最好的方法是**設計「極小的第一步」**。

他告訴那些上山途中邊過吊橋邊害怕的人，別想自己正在爬上山，只想好好走過眼前的吊橋就好。

為了爬上高山，我們該做的不是眼巴巴望著山頂，而是找出自己該邁出的第一步，集中心力在跨出第一步；並且不要整天抱怨，只要想該如何好好走下一步就好。

我同樣藉由分解思考，克服了低潮。低潮越久，心中越急於改變，總想一次改變許多事。就像剛放假時，明明平常很少花一、兩個小時好好讀書，卻還是訂定了一堆計畫。結果，第二天計畫一失敗，整個人就沒了幹勁，根本不知道自己為何要訂這種計畫，又回到那種渾渾噩噩的狀態。

細分的魔法

某天，我聽了一位學長的演講。他一開始的入學成績比我低很多，但經過努力後，考上了門檻很高的醫學院。學長展示了他高中時的計畫表，上面清楚標記了每年、每學期、每月的目標，並記錄實現哪些目標。

那份計畫表最上面寫了一句話：

「別急！我現在做得很棒了，最後一定做得到！」

這句話深深打動了我。為了克服急躁與不安，學長一步步累積自信，讓自己的吊橋變更堅固，確認自己安全過橋。

那天回到教室，我也在自己的計畫本寫下同樣的一句話。為了描繪出自己的吊橋，我選了讀書習慣及每一科分數這兩項領域。我把自認為有問題的地方，以及希望達到的目標寫下來。

接著，我將為了實現這些目標必須改變的事項一一細分，並整理成一份清單，貼在桌上，每天專注於實踐這些事項。

第二，列出各科目的分數和理想分數。我翻開舊考卷，找出這兩者之間的差距，並記下該如何彌補這些不足之處，就像醫生開立的診斷書和處方簽。我在待辦清單上標出優先順序，制定每月計畫表，將精力放在實踐這些目標上。

之後，我建立了固定的模式：每個月底回顧當月進展，計畫下個月要做的事；每週日晚上則檢查當週狀況，明確規畫下一週的計畫，並決定每天要完成的

圖表 6-4　細分的魔法

STEP 1

選定科目，寫下有問題的地方。

- 列出自己的目標、想改變的事項。
- 整理成一份待辦清單，貼在桌上。

STEP 2

列出各科的分數和理想數字。

- 將不會寫的題目標示重新練習。
- 寫錯題本，看解題分析。
- 每個月底回顧當月進度，並計畫下個月；每週日檢查當週計畫，並決定每天的任務。

任務（見右頁圖表6–4）。

這個習慣一直保持到高三入學考試。在高三那年九月模擬考後，因為成績不盡理想，我列出了一份清單，整理出十一月入學考試前需要加強的語言（現在的國文）和數學科目（見下頁圖表6–5）。

光是將要做的事整理出來，就讓我的不安慢慢消失。而且，經過分解思考和整理後，我逐漸看清了未來的路，開始一步步行動。因此，我終於能像成長型心態提到的，**把焦點放在今天比昨天更好；不擔心自己還要做什麼，專注於自己手頭上的事。**

韓國的法輪（Pomnyun Sunim）[1]禪師如此說：「急躁就是貪，因為想盡快實現最多的事情。」

我要再強調一次，一步登天是不可能的，羅馬也不是一天造成的。每一天的

1. 佛法老師、作家和社會活動家。他在世界各地創立了許多組織、倡議和項目。

圖表 6–5　讀書計畫表實際使用案例

	9 月模擬考分數→理想分數	待辦事項	實踐計畫
語言	96 ↓ 100	1) 將全國聯合／評估中心／私人模擬考錯題本及分析。 2) 2006 年～2010 年 6.9 入學考試。 3) EBS＊入學考試特別講座／網路入學考試（詩／非文學／小說／寫作／散文）→ 3 篇。 4) 10 週完成／Final／高得分 300 題 → 3 篇及錯題本。 5) 古典詩歌（古典散文全集）→ 兩篇。 6) 語彙、語法。 7) 語言的技術 1.2 → 3 篇。 8) 文學概念單字 → 兩篇。	1) 中秋前做完。 2) 每週一套。 3) 再想想。 4) 10 週完成 → 中秋連假期間完成 Final → 一週兩份。 5) 中秋連假讀一遍。 6) 語彙、語法 → 一週兩次。 7)、8) 各做⅓。
數學	89 ↓ 100	1) 高分 300 題／網路入學測驗。 2) 入學測驗大補帖／10 週完成／Final。 3) 寫全國聯合／模擬考（6.9）錯題本。 4) Mega Study 1000 題。 5) 影印考題，全部寫完。 6) 往未來。 7) 實戰題庫（2005 年～2010 年模擬考）。 8) 網路課程複習。 9) 考生 TEBS 教材／EBS 重點講座教材。	1) 中秋連假期間做完。 2) 再想想。 3) 一週 3 份。 4) 中秋連假期間。 5) 9 月最後一週。 6) 10 月第一週。 7) 一週兩次。 8) 每天固定做一些。 9) 每個週末。

＊ 韓國電視臺，主要提供教育相關影片。

歷史一點一滴累積，才造就了大羅馬帝國。因此，不用急，你越是著急，就越該拿出筆把自己待辦事項細分後寫下來，並將心力放在完成那些小任務上。

來看看高中生活吧！我們要讀的科目好幾個，除了需要維持在校成績、準備入學考試，還要準備課外活動、志工服務等，要做的事堆積如山。問題在於，我們習慣自己增加事項。

成功，從聚焦一件事開始

例如，課業跟不上，我們就感到不安，於是就去上補習班、報名線上課程，買更多評量和參考書。這樣做總覺得比較令人安心，但擔心讓那頭大象不斷變大，結果導致我們更被膨脹的大象壓得喘不過氣。

經濟學中有一個「帕雷托法則」（Pareto principle），又稱為「八〇／二〇法則」、「八二法則」。簡單來說，就是整體結果八〇%來自二〇%的原因（見下頁圖表6–6）。

圖表 6-6　帕雷托法則

最有效率的方式

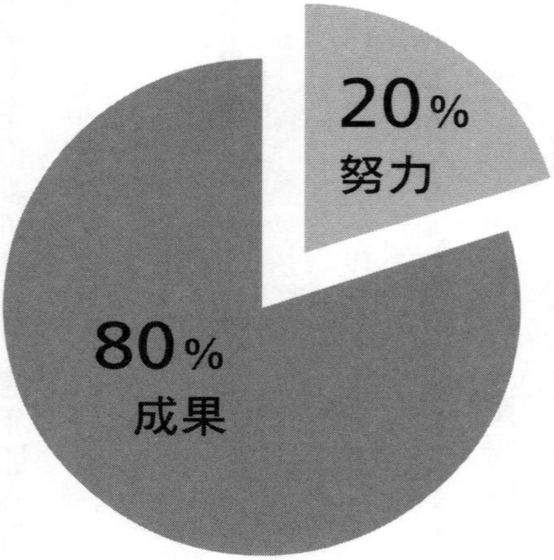

例如，二〇%的顧客創造出百貨公司總銷售額的八〇%。我採訪過一些成績好的學生，不管有意識與否，他們都已經運用這個法則在自己的課業上。

許多學生儘管已經很認真讀書，卻仍然考不好。但是，他們完全沒想到：努力和成果並不成正比，反而更常看到二〇%的原因帶來八〇%的結果。

反過來說，我們付出八〇%的努力，也可能只獲得二〇%的結果。

換句話說，為了換取八〇%

的結果，我們應該將主力放在二〇%的原因上。成功在短時間內提升成績的人，以及在特定領域取得好成績的人，往往會刻意找出這二〇%。據他們表示，**只要找到問題點，學習效率就會獲得改善**。

在高一時，我曾經一天花超過十小時專攻數學，成績卻仍不見起色，原因就在此。高二上學期結束前，我終於在短時間內衝出全國第十一名的成績。關鍵仍在於選擇和集中心力，因此我減少分量，將心力集中在自己選擇的內容上。

要是我的能力不足，真正需要的不是更多補習班和教材，而是果斷決定能力及勇氣，懂得分配自己該放心力在哪些事，剩下的就是捨棄。

當自己感覺能做得到，實際上也有了一點成長，人自然會想做下去。

這也是集中在一、兩項目標，取得一點成果後，剩下八〇%自然會跟上來的關鍵之一。

世界暢銷書《成功，從聚焦一件事開始：不流失專注力的減法原則》（*The One Thing: The Surprisingly Simple Truth Behind Extraordinary Results*）作者蓋瑞・凱

勒（Gary Keller）也表示，不管做什麼事，都必須從聚焦一件事開始。這和骨牌效應的第一張骨牌，亦有異曲同工之妙。

但問題在於，儘管有些人可以馬上找到第一張骨牌，卻無法集中精力在一件事上。因為他們過度完美主義的個性，總覺得必須再多做幾件事。對此，蓋瑞指出，**只有聚焦在一件事的人能達成目標**，並定義鑽研的定義。

「鑽研表示忽視自己能做的其他所有事，只集中心力在必須做的事情上。」

這表示，並非每件事都同樣重要。為了做出一番成果，我們必須找出僅靠二〇％的努力就能改變八〇％結果的那件事。**這不是僥倖、爛招數，也不是偷懶，反而不盡力思索，只會像機器一樣努力才是真正的懶惰。**

我很喜歡的動畫《進擊的巨人》中，有一段臺詞是這樣的：

「什麼都無法捨棄的人，什麼也改變不了。」

《小王子》（*Le Petit Prince*）作者安東尼．聖修伯里（Antoine de Saint Exupery）也說：「所謂完美，不是因為再也沒有東西可添加，而是再也沒有東西可以拿掉了。」賈伯斯將這句話當成自己的設計哲學，蘋果因此得以成為世界最佳設計公司。凱勒也在著作中表示：「光是忙碌還不夠，螞蟻也很忙呀？真正重要的是為何而忙。」強調選擇與集中心力的重要性。

各位，有捨才有改變。**捨棄要全部做到的想法，把所有力氣和時間都用在實現最重要的事情上**。如此一來，剩下的八〇％大概就已經實現，或正在實現。而你所投入的二〇％將成為生命中的「小成功，大成就」，成為下一步、再下一步的指南針。

改變的關鍵：骨牌效應

那是在國二結束後的假期。面對即將要升上三年級的我，心裡雖然知道應該讀書，但遊戲和手機總是不斷誘惑我。躺在床上看電視實在是太有趣了。我也和其他平凡的學生一樣，經常虛度光陰後並後悔莫及，但寒暑假已經結束。

這一切媽媽都看在眼裡，於是她給了一項提議。

當時她在托兒所工作，托兒所後面有一間社區圖書館。她問我早上要不要一起出門，然後我自己去圖書館。她還說，只要我願意去圖書館，不管我在裡面睡覺、看漫畫，甚至什麼都不做也沒關係。甚至還說，如果我去圖書館，她每天會給我一萬韓幣（按：約新臺幣兩百一十元）的零用錢，包含午餐費用。一萬韓幣的話，吃完午餐至少還有一半以上，這麼大筆的錢，我當然馬上就答應了。

其實，我心裡也在想，說不定自己會讀個書，也期待能賺點零用錢。就這樣，從隔天起，我便跟著上班的媽媽一起在八點出門。

雖然去了圖書館，但我並沒有立刻開始讀書。因為圖書館的暖氣開得很強，一坐下來就令人昏昏欲睡，所以我通常會先睡個一小時。等我醒來時，已是早上十點，四周都是看書或準備課業的人。

其實，我除了讀書以外，也沒有其他的事，所以我選擇開始看書，至少比起準備課業，輕鬆、有趣多了。

各位有過這種經驗嗎？

平常就算媽媽一直嘮叨要你看書，本來理都不理，可是一到了考試期間，反而突然很想看一些課外讀物。那段期間，即使看電視新聞也很有趣，甚至根本不懂規則，圍棋比賽轉播也能看得津津有味。

本來只是因為不想準備考試，所以選擇看書，我卻不知不覺陷入書香世界。就這樣，去圖書館的第一天，我就看完了一本書。

第二天過去，我的心態有了一點改變。因為以前的我一個月不一定看得完一本書，結果現在放假，我連續兩天都早早到圖書館讀完兩本書。不禁覺得，這次假期過得還算充實。

再加上圖書館不只有我一個人，大家都在專心準備課業或看書，這種氛圍也促使我應該去做點什麼。就好像雖然在家或公園也可以運動，但我們還是會花錢去健身房運動一樣，我開始變得很積極，也覺得自己好像可以達成一些目標。所以，第三天、第四天，我也到圖書館報到了。

我突然意識到，這次放假一定要過得非常充實。於是，我把看書的時間拿來讀英文和數學。快開學時，我把之前一直不想看的一本英文文法書讀了兩遍，平常經常碰壁的數學評量也都做了三遍。

這次能成功度過充實假期的關鍵，可說就是「骨牌效應」。

一開始我並不打算做很多事，只是把心力放在擊倒「每天去圖書館」這第一張骨牌。於是，我設定的第一個目標既小又簡單，就是和上班的媽媽一起出門去圖書館，然後實踐計畫。當第一張骨牌——去圖書館——倒下後，我便開始讀書，甚至逐步準備自己需要加強的科目，接著其他骨牌接連也隨之倒下。

我們經常用「這輩子完蛋了」、「反正我就是不會成功」，來責怪自己意志力不足，並感到罪惡。然而，自責對解決問題其實沒太大幫助。什麼都不改變，只停留在自責，今天犯的錯明天很可能再犯，後天也可能再犯。

有人說，若真的想改變行為，不是改變意志力，而是改變環境。想要展開行動，並不是依賴經常容易動搖的意志力，而是在一開始就刻意創造不得不執行計畫的環境。這和我們明明有家，卻還是刻意去讀書咖啡廳[2]，就和明明家門前就有空地，還是去健身房運動的道理相同。

如果每天都無法動手做某些事，與其自責，不如尋找能改變情況的一張骨牌，然後全心全力推倒它。這張骨牌，將是引領你邁向成功曲線的第一步。

先讀討厭、不擅長的科目

讓我們來看看一個常見狀況。

一般來說，我們通常會先做自己喜歡的事。以讀書為例，讀自己擅長且喜歡的科目，相對容易上手。然而，問題就在於討厭的科目。這些科目通常也是我們不擅長的，雖然知道要多下工夫，但因為討厭，反而不願意投入。結果，時間只花在喜歡的科目上，不擅長的科目成績自然沒有起色。

2. 譯注：韓國近年流行的讀書咖啡廳結合讀書與茶飲服務，按照時間付費後，可享簡單茶飲服務。通常每兩小時約支付新臺幣八十元，長期使用者通常另享有優惠價。

其實，我們心裡都很清楚，不能只讀自己喜歡或擅長的科目。即使知道「要多讀自己不擅長的數學」、「現在不該花時間在這裡」，卻又遲遲無法展開行動。

但其實這再自然不過了。面對難度高、又難以理解的科目，讀起來當然非常無趣。我自己也是如此。

我真的很討厭數學，相對來說比較喜歡歷史和英文。也許正是因為這樣，和歷史、英文成績相比，數學成績很難看。因為討厭數學，就更不喜歡讀，當然數學成績變更差，又因此更討厭數學，完全陷入無底深淵。

對人類而言，做自己想做的、擅長的本來就很簡單。每個人都希望能夠繼續做自己擅長的事，誰想做自己不擅長的事？

但問題是，通常我們不想做的事，往往是那些必須做且重要的事。越重要，就越讓人不想做。

然而，有些事在當下非常重要，通常意味著我們一直做得不好，或者從未嘗試過。只是因為不熟悉或阻礙太高，所以覺得很困難、不想去做。因此，有些人說：「只有做了自己不想做的事，才能真正成長。」

我們在一年之始立下的計畫也是如此，比如精進課業、讀書、減重、運動等，我們都知道，想讓生活變更好，這些事情都非常重要。然而，時間一過會怎樣？大約八〇%的人都會失敗，因為這些事不僅不想做，而且還很困難，所以就一直拖延下去。

更大的問題是，人們通常不明白這項道理。心想總有一天我會做，總有一天……然後一再拖延。等到考試剩沒幾天，才後悔「我應該早早做好準備」。不幸的是，大部分的學生都會不斷重複相同的錯誤。

前面也提過，真正能解決問題的人，不論面對多艱難的狀況，他們不會只想著「我一定要克服」，而是懂得創造出讓自己行動的「環境」。總是先做自己想做的事，再來做不想做的事，這種計畫打從一開始就注定不會成功。

其實，要克服這種進退兩難處境的方法，比想像中簡單。假設今天要讀的科目有五、六項，首先要做自己最不喜歡的、最討厭的，像我就是先從數學評量開始寫。

最有效的方式，就是先去做不喜歡的那件事。

以我的情況為例，雖然我已經出版過好幾本書，但在寫稿的過程中，我有時也會覺得寫作很難、不想寫。創作這件事確實不容易，而且我也還不習慣，因此常常一再拖延。

從那時開始，我就改變行為模式。早上睜開眼刷牙前，一定會先坐在書桌前寫作約三十分鐘，再開始做其他事。

多虧這個改變，現在各位讀的這本書才能問世。

高中時期也是這樣。我之前曾提過，數學是我最討厭的科目。其他科目的表現還算不錯，但數學總是無法按照計畫複習，讀的量也總是不夠，自然就更不擅長了。

某天，我重新檢視一個月分的計畫本，才發現自己從來沒有按計畫讀完數學。於是，我決定不管三七二十一，將數學放在優先順序的第一位。因為如果不這樣做，我很可能就會放棄，甚至有一段時間，我把其他科目都從計畫本裡刪掉，這樣就不會拿其他科目當藉口。

就這樣過了一段時間後，我讀數學的時間增加了，成績也慢慢提升。

當我們下定決心要實踐某件事時，往往需要自制力和自我調節的認知能量。然而，根據心理學家的研究，這種能量的總量是固定的，而睡眠則能夠補充這種能量。

這意味著，**剛從睡眠中醒來時，我們的認知能量處於一天中的最高狀態**，簡單來說，就是最有活力的時刻。

還有，切記，我們的**意志力和體力差不多**。當體力充足時，無論是跑步還是爬山，都能輕鬆應對。但一旦已經跑了很長的距離，或是爬山回來後，就會發現自己很難再繼續跑下去。

讀書也是同樣道理，剛做某件事時和用盡意志力，打從根本就不一樣。一開始充滿鬥志，覺得自己什麼都能做，但時間一拉長，滿滿的鬥志便逐漸消失殆盡。

這時如果計畫先做喜歡的事，討厭的事之後再做會如何？最後，討厭的事就會不了了之。無論是數學或英文，時間一過就會自我妥協，然後不斷自我催眠：「今天讀的也算多了，這樣應該不差了吧？」不過，心裡還是有點疙瘩，因為更重要的事還沒做完。

相反的，**如果從不想做、難度高但重要的事先做，反而能擁有更大的成就感**。而這份成就感能形成另一股動力，讓你繼續完成自既簡單又喜歡的科目。

因此，為了落實計畫，最重要的是先做討厭的事。先做想做的事再做討厭的事，在認知能量已枯竭的狀態下，往往無法支撐自己做討厭的事了。請大家一定要把不想做卻很重要的事放在第一順位，並且務必先完成它。

不過，看到這邊有沒有人產生疑問？

「老師，你剛剛不是說目標一定要夠小、夠簡單嗎？為什麼這邊又說應該從不想做的事著手？這不是很矛盾嗎？」

乍看之下，這似乎很矛盾，但這正是關鍵所在。

如果想要實現真正的成長，就得從那些不想做卻非常重要的事情著手。方法就是把事情切割，讓它變得夠小、夠簡單。

所以，如果我有意志卻難以付諸行動，就要回頭檢視這件事是否過於困難，或是超出自己的負荷。

相反的，如果已經在努力，但心裡還是有一點疙瘩，就要優先處理那些重要但不想做的事，努力走出舒適圈（熟悉並安穩的領域）。

將不想做但重要的事放在第一順位，並細分那件事，讓它變得值得一做，這就是實現真正成長的祕訣。

三步驟，高效專注力

去年冬天，我指導某位學生。他在放寒假前向我一吐煩惱。

「老師，每次寫評量或讀書時，我總覺得自己坐不住。讀書也沒多久，就想起來動一動。所以有時書念不完，就會被爸媽罵。」

我問他起來之後都做什麼，他這麼回答：

「也沒什麼。有很多種情況，比如我想去廁所或想喝水時，就會想起要跟媽媽說的事。」

聽了他的話，我想許多人都會產生共鳴。我給了以下三項建議。

人們的注意力之所以無法持續，第一是因為沒有明確目標意識，比如從幾點到幾點，必須完成多少進度。這很類似前面說明的「分解思考」邏輯。

舉例來說，注意力什麼時候最好？答案是：考試。因為考試時有非常清楚的目標設定，必須在幾分鐘內完成作答。

心理學大師米哈里·契克森米哈伊（Mihaly Csikszentmihalyi）表示，集中的第一項因素就是「明確目標」。為了投入某件事，我們必須明確訂定現在手上的事要「做多少」、「做到什麼時候」、「怎麼做」。

那麼，平時我們的情況是怎樣呢？通常學生的計畫本會寫：國文一小時、數學兩小時、英文作業兩小時等（寫計畫本已值得鼓勵）。不過，這邊少了一件很重要的事——**國文要做多少分量，英文要背幾個單字、數學要練習幾題**。

也許有些人會說：「學校出的作業量都規定好了！」

這裡又隱藏另一個問題，要是作業量可以一口氣寫完，那就沒什麼大問題。但是如果一口氣寫不完，那就很難視為明確目標，畢竟那可能沒有十萬火急。

如果要讓自己十萬火急，該怎麼做？把該做的事切割到最細。

舉例來說，不要寫練習數學評量二十題，而是分成一到五、六到十、十一到十五、十六到二十。時間也是一樣的道理。從屁股碰到椅子那一刻到離開為止，不管是十題、三十個英文單字，就是要建立明確目標。

如果你為屁股老是坐不住而煩惱，也許有必要先檢視自己的目標，以及計畫是否具體，比如幾點到幾點，要做完多少等。

如果你確實設定了這樣的計畫，但還是坐不住，那就要注意接下來我要說的內容。屁股坐不住的第二個原因，通常是因為你認為自己可以專心的時間設定得太長。

我問過一位之前指導過的學生：「你認為每次讀書應該讀幾分鐘？」

對方回答：「至少也要讀五十分鐘。」

沒錯，如果能像這位學生所說的，專心讀書五十分鐘，那再好不過了。但別忘了，「我能做到」比「我該做」重要。如果我們總是超出自己能的能力範圍，去做應該做的事，那麼即使再怎麼努力，我們仍然無法避免失敗，甚至最後什麼都做不好。

因此，我們也必須分解自己能專心的時間。

例如，今天設定讀書五十分鐘、休息十分鐘，但專注程度低落的學生，讓他勉強讀五十分鐘再休息十分鐘，真的會比較好嗎？還是讀二十五分鐘、休息五分鐘，然後再讀二十五分鐘、再休息五分鐘會比較好？

即便讀書的時間總和相同，但後者的專注程度肯定更多。

像這樣，將時間分割成多段的讀書法，稱為「番茄鐘工作法」（Pomodoro Technique）。這個方法是義大利經營管理顧問弗朗西斯科・西里洛（Francesco Cirillo）為提升專注力，於一九八〇年代後期想出來的方法。

「Pomodoro」在義大利文中就是番茄之意，西里洛此命名的靈感，則來自他大學時期曾利用廚房裡番茄形狀的計時器，來追蹤工作時間。

接下來，我們來看看番茄工作法的具體內容吧！

這個方法是專注於某件事二十五分鐘，然後休息五分鐘，重複四次後，再休息一段比較長的時間，約十五分鐘到三十分鐘。

每完成一次「二十五分鐘專注＋五分鐘休息」，就稱為一個番茄鐘。為了保持專注力，每完成四個循環（四個番茄鐘＝一百二十分鐘），就給自己比一段較長的休息時間（至少十五分鐘，通常是三十分鐘）。

一天結束後，記錄自己完成幾個番茄鐘。

當然，大家完成的番茄鐘數量和具體時間不盡相同，但其核心在於：**反覆短時間工作與休息**。

至少這麼短的期間內，不要分心做其他事。還有請務必記得——無論是十五分鐘或二十五分鐘，在你決定的讀書時間內，一定要保持明確目標意識，絕對不能離開座位。

比方說，這段期間內，不去廁所、不喝水，務必要坐在書桌前。

要是你有使用計畫本的習慣，也可以寫一份確認清單來檢視自己，或者使用碼表、計時器訓練自己在一定時間內不起身。

就我個人經驗，工作二十五分鐘再休息五分鐘時，最好不要在休息時間看手機。因為放下有趣的手機，需要非常大的勇氣。

接下來是最後一項建議，也是我通常推薦給國中以上學生的方法，我自己在國中時也非常受用，就是**轉換科目**。

當讀書量增加時，我們往往會增加每一科的讀書時間。因此，當一年一年升上去，計畫通常會變成數學三小時、英文四小時。但是我在前面也提過，這邊少了經過分解的小目標，同時時間也太長。

除此之外，還有另一個問題，那就是忽略──如果對英文沒有興趣，要花超過四小時以上時間讀英文，本身就很困難。

這種讀書計畫對長期專注力較弱，屁股坐不住的學生而言，根本是天方夜譚。不過，這類學生也有優點，專注的目標經常改變，這也代表他們思考的轉換速度很快。如果能好好運用這一點，讀書效果會非常好。

以前面介紹的番茄鐘工作法來看，**長時間讀一科，不如每一個或兩個番茄鐘後就轉換科目**。

舉例來說，可以先花一個番茄鐘時間讀數學，接著再切換成性質不同的科目，像是英文、社會、歷史。瞬間專注力、短期專注力高的學生，若採取這種工作時間短並頻繁的方式，反而能維持住專注力。

以我來說，我同樣也很難專注超過三十分鐘。雖然我一天內不會讀超過三、四科，但當我讀數學讀到專注力低落時，就會改讀英文。假使還是不夠專心時，就會再重新回到數學，維持整體讀書效率。

要特別注意的是，**千萬別把「反覆短時間工作」和「一心多用」搞混**。一心多用，通常會導致我們無法專注在任何一件事上。而反覆縮短轉換的週期，則是指在每個週期內，保持高度的專注力，這點請大家務必要記住。

現實生活中，最知名的例子，就是特斯拉的執行長伊隆．馬斯克。馬斯克不僅擁有電動車公司特斯拉，名下還有太空探索公司SpaceX、社交平臺X（前推特）、Neuralink[3]、無聊公司（The Boring Company）等橫跨各領域的公司，並且都是世界數一數二的企業。

3. 美國神經科技和腦機接口公司，由伊隆．馬斯克和八名其他聯合創辦者創辦，負責研發植入式腦機介面技術。

在某次採訪中，馬斯克曾提到他同時經營幾家公司，並且能同時處理工作的方法——「五分鐘時程表」。

如同字面上意義，他以每五分鐘為單位，建立自己工作目標，並且在時間內以超高專注力處理工作。從這點來看，會讀書、人人稱讚是天才的人，也不一定要擁有長時間維持專注力。

如果你自己也覺得自己坐不住，與其自責，不如這樣想：「我的優點是思考轉換快，不需要花太久時間投入任何事情。」若能好好思考如何運用這類優點，相信情況一定會有所改善。

「想讓風車在無風狀態下轉動，
只能向前奔跑。」

——美國作家／戴爾・卡內基
（Dale Carnegie）

Chapter 7

不被世界困住的方法

還記得在這本書開頭，我提到人人都想好好表現嗎？我比任何人都清楚，各位有這個想法，已經讀到這邊的你一定更是如此。

但問題是，不順利的時候比較多，並且總是讓我們懷疑自己：

「有可能嗎？」

「我做得到嗎？」

「我做得對嗎？」

我們往往意識不到自己想好好表現，正因為如此，當我們面臨挑戰或困難時，經常會覺得自己做不到，甚至想放棄。

每個人都有這樣的經驗，我也不例外。從來沒有一帆風順，即使曾經有過春風得意的時候，最多也維持不到一年。例如，在高中時，我搞砸了第一場考試，碰上了低潮期，之後參選學生會長時也是如此。當自己表現得還不錯，馬上就會出現考驗。

考試、創業、人際，我都失敗過

那是高三時的第一次模擬考。也許是常聽人家說：「高三第一次模擬考分數，就是你最後入學考試的分數。」從升上高三開始，我天天都很緊張。成為「高三考生」讓大家如臨大敵，上個學期明明還鬧哄哄的教室，現在卻一片寂靜。就連以前下課一定要去踢足球的同學，都開始讀書了。

我也一樣，因為知道是「真的」成為考生，我也非常認真讀書。但是當我收到成績單時，真的是糟透了。那是我高二從來沒拿過的成績，照這樣下去，我根本不可能考上志願校。

那段時間，我整天怨天怨地，心想怎麼沒一件事順利，為什麼總在得意時就一定碰上挫折？

後來，到了大學入學考試，情況還是差不多。在入學測驗前，我先申請了幾所學校的甄試，只要分數達標就能錄取。其實，我本來很想上另一所學校，但因為沒有自信，也擔心考不好，只好作罷。幸好，我通過了K大學推甄的第一階段，面試也非常順利，還被老師稱讚表現令人印象深刻，當時我還以為自己百分百會被錄取。

結果，考前一個月，我卻收到了未錄取通知。當下，真的完全崩潰，感覺怎麼做都不順。

不過，最後我還是順利通過了入學考試。我告訴自己，要相信這一路上的努力，不行就再接再厲，拚到最後。除了調整心態、全力以赴，我還認真準備了小論文和面試。最後，終於順利通過推甄，拿到了首爾大學的獎學金名額。雖然一開始並不順利，但三年來我從沒放棄，終於跨越了大學這座山。

然而，出了社會，依然是困難重重。我本來以為寫完第一本書，出版社肯定會搶著買，但我投稿二十七間出版社，最後全數遭到回絕。這是我當兵兩年期間，每個週末、每天深夜寫出來的作品，所以當下甚至覺得自己的人生也被全盤否定了。

一番曲折後，第一本書終於問世，後來我也忙著四處演講和學習顧問的工作。接著，又開啟創業的新挑戰——找辦公室、聘請員工。但不到兩年，就欠下一億韓幣（按：約臺幣兩百一十萬元）的債務，以失敗告終。

那時我才二十六歲，家裡不住在首都圈，房子就是家裡所有的財產。由於我的家庭背景很普通，大學也還沒畢業，面對這筆巨額負債，壓力大得幾乎喘不過氣來。於是，我開始找各種家教和打工機會，一點一滴的還錢。

幸好，咬緊牙根完成的《讀書大師全攻略》、《密集讀書法》，這兩本書受到許多人喜愛，狀況終於有了起色。

我花三年還清債務後，又重新挑戰創業，也就是現在經營的「小成功，大成就學堂」。YouTube訂閱人數也大幅增加，新冠肺炎時期的影片尤其受到歡迎，也因此獲得知名創投公司的投資。員工增加到近三十人後，我滿懷信心，認為至少這次一定會順利下去。

但是疫情結束後，網路優勢開始消失，經濟突然惡化，公司的經營情況也不太好。甚至不得不和過去共甘苦的工作夥伴道別。即便如此，我從未停止挑戰。除了寫書，我依然不斷尋找新的出路。

我真的很想好好表現，但由於一直都不太順利，我一度很想放棄，人生彷彿就快毀滅。有時，看電視看到一半，我甚至會痛哭流涕。我只求一切順順利利就好，但老天卻像在跟我開玩笑似的，每次都要先給我一場考驗。

不過，我依然會重新站起來，繼續挑戰。

儘管未來仍會遇到挫折，摔倒的次數或許比順利的還多，但我不會放棄。因為我有必須這麼做的理由，也相信自己一定能做到。無論再辛苦，我一定要實現夢想。我非常清楚自己要走的路，所以我現在不會放棄，未來也不會。

之前採訪我的電視新聞記者，替我的故事下了這樣的標題：

「三十二歲創業第二次，重要的是不屈不撓的心」

回想起來好像真的是這樣，我沒有勝過其他人的偉大才能或聰明才智。如果有，我就不可能每回都一波三折。但是每一次被擊倒，我就站起來，想放棄時依然咬牙重新邁出步伐。

如果這種心態就是重折心，那也許是我唯一擁有的東西吧？

我曾經羨慕那些一開始就一帆風順的人，也為自己無法一次做到而感到懊悔，甚至認為自己很沒出息。但是隨著時間過去，我才明白，一開始得意的人未必會笑到最後。

法國軍事家拿破崙．波拿巴（Napoléon Bonaparte）曾說：「勝利屬於最有毅力的人。」

勝利不是最聰明、最有才能的人的專利，而是屬於跌倒七次還能重新站起來八次，跌倒八次還能站起來九次，如此有毅力的人。所以才有人說：「不是強者倖存，而是倖存下來的人就是強者。」

也許讀到這邊，各位的心中已燃起熊熊鬥志。但是，各位一定也會遭遇挫折及失敗（當然，我希望不會），甚至感到灰心喪志。

即便如此，我仍希望各位好好克服這段艱難的時刻，並且不輕言放棄。我經歷過無數同樣情況，深知各位有多渴望，而那種心態又有多寶貴。

所以，即使你們起跑落後了，我依然相信你們能成為最後的贏家。接下來，我要介紹如何才能讓自己的心不被挫折擊敗，重折心的本質又是什麼，為這本書結尾。

騙得了人，但不要騙自己

一名對人生毫無頭緒的青年到廟裡拜訪老僧，請他賜自己一個座右銘。老僧請他向佛祖磕一萬次頭，他就給他座右銘。青年熬了一個晚上，磕完一萬次頭。老僧寫給他三個字：「少騙人」。

青年非常失望，本期待老僧給他蘊含人生大道理的名言，卻只聽到人人都知道的道理。不要騙其他人，這種話不是從小就聽到耳朵長繭的嗎？

幾個月後，青年終於恍然大悟。

這句話的受詞錯了，老僧的意思並不是要他別去騙人，而是要他不要騙自己。後來，青年成為老僧的弟子，侍奉他到臨死之前。

這個故事是以「山就是山，水就是水」聞名的知名韓國僧人性徹禪師，和他的弟子元澤禪師的故事。性徹禪師的修行口頭禪就是「不欺自心」，也就是不欺騙自己的意思。

我們都很清楚，不欺騙自己，沒那麼簡單。

我小時候也曾偷看解答寫評量或抄同學作業。有幾次被抓到被罵，也有幾次運氣好沒被發現。

然而某一天，該來的還是來了，我抄評量解答被老師抓到。平常老師罵完幾句話就會結束，那天他卻打電話給媽媽。媽媽一聽臉色一沉，大發脾氣，然後把我趕出家門。雖然我說以後再也不敢了，媽媽還是非常堅持。過了半天以後，媽媽才開門說：

「我不是因為你騙了老師或媽媽，才趕你出門。世界上最沒用的就是欺騙自己的人，因為欺騙自己，這種想法會讓自己很難過、很可恥，沒辦法珍惜自己，世上最可憐的就是這種人！」

從那天以後，我再也不抄作業了。沒寫就說沒寫，不會說謊。

如果覺得作業太多，或沒必要寫那麼多，就請老師幫忙調整。沒有寫，我也絕對不會說謊。

騙了自己，當下也許會感到輕鬆，但內心的疙瘩卻會越來越多。這同樣適用在補習班作業或評量和他人的約定。

為了實現目標，我們樹立計畫，清楚知道應該做些什麼。如果今天不能遵守約定，我們也都知道明天會離目標越來越遠。然而，卻為了當下好過一點，總是自己騙自己。

「哎呀，明天再做就好……。」

「船到橋頭自然直……。」

就這麼自欺欺人，躺在床上看YouTube，心裡就好過了嗎？影片再怎麼有趣，大概也不能百分之百享受，因為心裡非常清楚，自己違背了和自己立下的約定。

這種謊言會帶來另一個謊言，為了掩飾欺騙自己的事實，我們會找出另一個藉口，試圖合理化自己的行為。騙了自己一天、兩天，日子一多，就離目標越來越遠。然後我們又說另一個謊：

「對啊，那個其實沒那麼重要……。」

「沒做也沒什麼大不了吧？……。」

在這個過程中，我們將失去最重要的一件事。

你一定曾聽過無論朋友、親子或老師，想維持良好的人際關係，最重要的就是「信任」。當其中一方破壞彼此間的約定，這段關係將再也無法維持下去。

重折心的第一個本質，就是對自己的信任。因為相信自己，即便碰上再強的暴風雨，也能走下去。**當我們在黑暗中獨自航向夢想時，茫茫大海之中能信任的只有自己。這份信任是其他人都無法取代的。**

然而，隨著不斷欺騙自己，最終便無法再信任自己。即便想做某件事、設定了目標，也很清楚自己最終可能不會兌現承諾。謊言一次次堆疊，最後就像放羊的少年一樣，沒有人會再相信我們——甚至連自己也不再相信。

如果連自己都無法相信自己，那又該如何過好自己的人生？無法相信明天的自己、後天的自己、一星期之後的自己，我希望各位不要過這樣的人生。

我高中時，在天花板貼上一句話，讓自己躺在床上就能看見。

「你今天好好過了嗎？二十年後會不會對自己感到羞愧？」

答案的標準並不是今天的我，而是二十年後的我。

因為我覺得，如果二十年後，我無法實現夢想，沒成為自己期待的樣子，最

圖表 7-1　想像 20 年後的自己

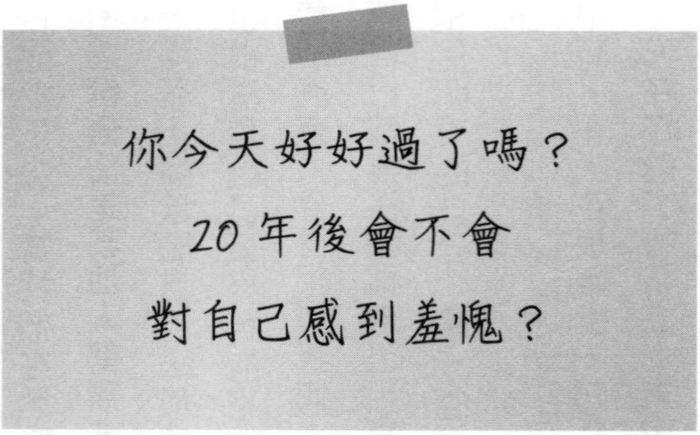
你今天好好過了嗎？
20 年後會不會
對自己感到羞愧？

氣的不是別人，正是二十年前的自己。

也許騙得過一、兩天，卻不可能騙得了一世。無論誠實或欺騙，時間累積起來，就會露出真面目，即使別人不清楚，自己一定了然於心。

我不希望自己氣自己、怨自己，所以我不騙自己。努力的過程有失敗，也有實現不了的目標，但我並不後悔，因為我很清楚自己並沒有騙自己。

讀了多少書、功課完成多少其實並不重要，真正重要的是不欺騙自己。那些累積的信任時光，將讓各位的心不為風雨折枝。

逃跑，會在心中留下痕跡

國中時起，一想到數學，我就會心跳加快，考試當天還容易緊張到手抖，或突然肚子痛。有一次，我因為緊張到手抖個不停，因此自暴自棄的問媽媽，可不可以不要去考試。升上高中，這種情況更是雪上加霜。

到了大學還是一樣，我原本打算好好研讀主修課程，結果卻不如我所願。第一堂課，教授就要求我們在一週內讀完五篇英文論文，不然就是一週要交三份報告。哲學、經濟、政治等內容，即使用韓文讀都很難理解的書，每天都得硬著頭皮看。更讓我震驚的是，當我還在努力消化論文和書籍時，其他同學早就看完了，甚至能和教授討論內容。

當時的挫折感和自卑感大到無以形容。我坐在圖書館，花上好幾天絞盡腦汁研究，怎麼別人好像不費吹灰之力就能輕鬆做到。現實就像看不見的高牆，那天回到租屋處，我哭了好久，拿著休學申請書在系辦公室前徘徊好幾次。

但現在想起來，其實解決辦法只有一個——無論再艱難、再辛苦都不要逃跑。我不希望自己是因為不想做而放棄，而是很想做卻做不到。我不希望變成為自己感到羞恥的人，更不想成為輸家。所以我就繼續做了，就算不順利，還是先坐在書桌前。

雖然我在數學考試前一天仍常緊張，但到了國中三年級，我漸漸學會接受那些不安與緊張的情緒。我告訴自己：「都準備得這麼認真了，若還是搞砸也沒辦法。這是我無法控制的，就當成是命運。」

大學時，其他同學讀到十一點，通常就會離開社會科學圖書館，搭巴士回家，而我則是轉移陣地到二十四小時開放的中央圖書館。

我至今仍記得，從社會科學圖書館走到中央圖書館的那種複雜心情：我感到自卑感——為什麼自己總是必須讀到這麼晚，同時也有一種微妙的成就感——這個時間去中央圖書館的人，只有我。

在這個過程中，我領悟一件事。雖然我經歷了許多逆轉的時刻，也在一番波折後實現自己想要的目標，但還有一件更重要的事——**那段時間讓我比任何人都**

相信自己，並以自己為榮。

我相信自己，所以無論什麼事，都很有自信。我不是那種會因為害怕而逃跑的人。無論如何，我都會堅持到最後。所以我以自己為榮。一開始，我總以為世界上充滿比我厲害的人，所以感到很困難、很辛苦，但即便如此，我也沒有放棄，堅持走到最後，我以這樣的自己為傲。

就算騙得了別人，也騙不過自己。如果因為稍微困難、看起來會很辛苦就放棄或逃跑，別人也許不會察覺，但在我心中將會永遠留下痕跡。這些痕跡隨著時間逐漸累積，最後讓自己變成無論碰到什麼，連挑戰都不敢挑戰就逃跑的人。

我希望各位可以以自己為傲，並對自己一路以來的努力感到驕傲。我認為這比創造出任何亮麗成果、實現目標都還重要許多。

這種心態就是重折心的第二道本質。無論多艱難、辛苦，都不要逃避。以自己為榮的心，會在你想放棄時拉你一把。因此，即使面對辛苦、艱難的挑戰，也請先邁出第一步，就算想放棄也重新開始吧！

從這一刻起，你就開始與時間賽跑了。

即使你曾想過放棄、逃跑，但只要能在和自己的比賽中獲勝，就等於成功了一半。世界上沒有比與自己較量更艱難、更辛苦的挑戰了。如果你贏了，其他挑戰也就不再像想像中那麼難了。

相信自己能在這場比賽中勝出，專注於眼前該做的事情吧！然後感受自己有多棒、為自己的努力感到驕傲，享受那份成就感。

希望大家每天都能在日記中記錄下自己有多了不起，並在未來自信的說出：「我以自己為傲！」。

最後我要介紹一封信，作為這一章節的結尾。

這封信因班奈狄克・康柏拜區（Benedict Cumberbatch）朗讀過而為人所知，是美國藝術家索爾・勒維特（Solomon "Sol" LeWitt）寫給為低潮期和自憐自艾而苦的同事伊娃・海瑟（Eva Hesse）的信。當各位腦中一片混亂時，我相信這封信能幫助你整理思緒。

「別想了，別擔心了，不要擔憂不安、躊躇不前、懷疑、恐懼、受傷、一味找簡單的路……別壓榨自己，別壓榨再壓榨！不要這些東西，就去做吧！只要想『就去做吧』，會好一些。別想一些有的沒的。只要你做了什麼，做完了，那就好了。讓自己大吃一驚吧！讓你自己看看你的內在擁有能力，什麼都做得到，所以，就去做吧！」

持續做下去的力量——身分認同

努力與實踐同樣不可或缺。在面對眾多誘惑、偷懶和煩躁時，能夠不屈不撓，正是最終能實踐目標的關鍵。因為人類的意志力比想像中弱，真正能實現目標、達成計畫的人，往往都會集中心力在培養「習慣」。

市面上，談習慣的書琳瑯滿目，其中有一本書給我非常大的啟示，那就是《原子習慣：細微改變帶來巨大成就的實證法則》（*Atomic Habits: An Easy & Proven Way to Build Good Habits & Break Bad Ones*）。書中提到的概念，讓我恍然大悟，並且很有共鳴，那就是「身分認同」。

作者詹姆斯・克利爾（James Clear）表示，我們難以改變習慣是基於兩個理由。一是想改變的對象錯了，二是想改變的方式錯了。

他說，要創造或改變習慣，有三個「層次」。

第一層次是希望藉由改變習慣，來達成某種「結果」。

舉例來說，假設我們下定決心要好好讀書，目標就是提升成績。然而，如果只專注在成績本身，花心思在這個「結果」上，往往成效不彰，因為「成績」只是骨牌效應中的最後一張牌。

改變習慣的第二層次，也就是改變「過程」。不是集中心力在提高成績，而是每天去讀書咖啡廳或圖書館讀書的過程。

換句話說，是一張張擊倒骨牌。

但是，想「真正」改變習慣，克利爾表示，還要改變「身分認同」。這個身分認同位於培養習慣最深處的第三個層次。

書中以戒菸為例，如果有人勸剛下定決心戒菸的人抽一根菸，兩種回答方式會帶來截然不同的結果。一種是說：「不用了，我戒菸了。」另一種則是說：

「不用了，我不抽菸。」研究發現，回答後者的人戒菸成功機率更高（見下頁圖表7–2）。

作者繼續補充，因為「結果是我們獲得的，過程是我們做到的，而身分是我們相信的」。克利爾表示，其實是習慣創造身分認同，而藉由身分認同讓習慣產生改變。我們可以藉由以下兩階段達成身分認同。

第一，決定自己想成為什麼樣的人。

第二，藉由小小成功案例，證明自己。

各位還記得嗎？前面已提過，美國海軍特戰司麥克雷文將軍曾說過：「想改變世界嗎？就從每天摺棉被開始。」這句話的關鍵正是強調實踐小習慣的重要性。每天摺被子，能創造自己是有計畫、有條理，每天實踐計畫的身分認同。

即使再麻煩，我也會每天堅持摺被子，當這項習慣逐漸固定下來後，就能加深我對自己的身分認同，認為自己是很有條理的人。

圖表 7-2　用身分認同，提高動力

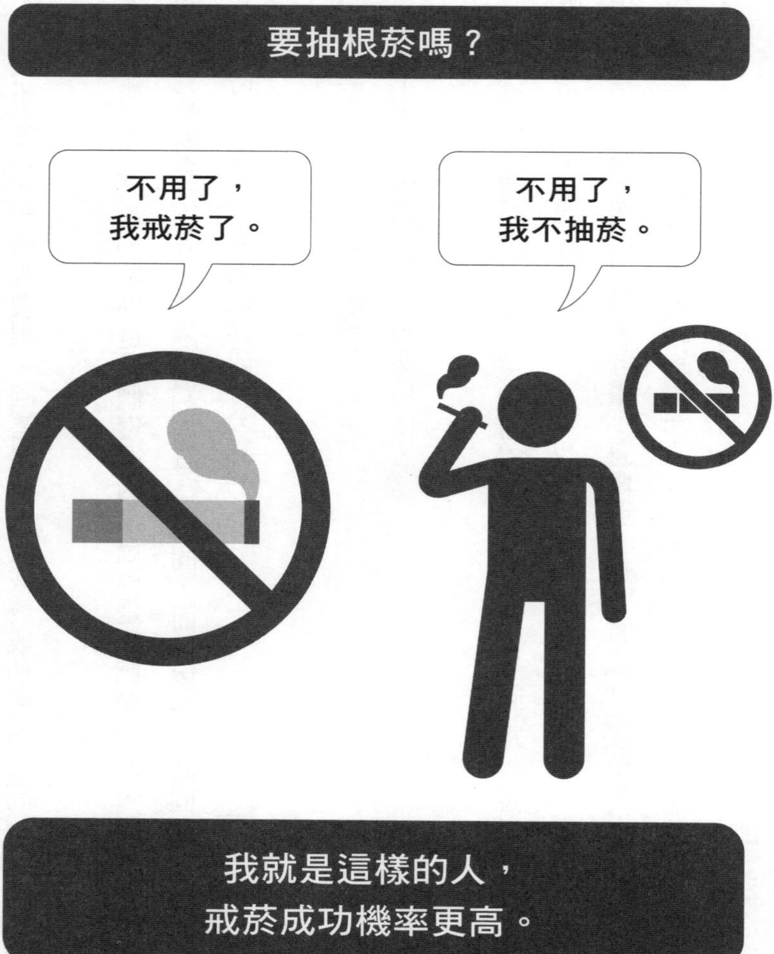
要抽根菸嗎？
不用了，
我戒菸了。
不用了，
我不抽菸。
我就是這樣的人，
戒菸成功機率更高。

因此，如果各位想改變習慣，就得創造一些小小成功，加強身分認同。如果想改變習慣，就得問自己：

「那些獲得我想要結果的人，是什麼樣的人？」

在我的親身經歷中，努力和實踐之所以不被擊敗，同樣也是這個原因。我曾夢想成為改變世界的領袖、引領東亞和平的外交官。有了夢想以後，我問自己是否有實現夢想的「資格」。

答案是「不」後，我又深思一遍。

「改變世界的領袖是什麼樣的人？」

「什麼樣的人，影響力大到能創造真正和平？」

我深入了解那些改變世界的人們，觀察他們的日常生活和習慣。正如比爾·

蓋茲所言：「我把其他人的好習慣變成我的習慣。」因此，我努力學習這些習慣，並使之成為我生活的一部分。

改變世界的領袖究竟是什麼樣的人，我的解答是：吸取其他人的好習慣，將之內化並且每天實踐的人。

此外，另一種身分認同，也激勵我更積極行動。

前面提過高中時期，連讀書的時間都不夠了，但我不僅當上了全校學生會會長，和同學創立YUPAD社團，我還參加了辯論社、志工服務社、人權研究社，共五個社團活動。

當時風氣普遍認為，當學生會會長或玩社團就沒辦法讀書。大家尤其不看好YUPAD，我經常被質疑是不是想趁機認識女生，甚至有人說：「根本是不想讀書，才淨找些玩耍的藉口。」

雖然我並不在意這些看法，但看到其他單純抱持熱情或對知識好奇，而參加社團活動的學弟妹也被指指點點，我實在無法忍受。所以從那時起，我的身分認同就變成：證明參與課外活動也能拿到好成績，以及成為學弟妹好榜樣的人。

在這之前，我也曾因為偷懶或怠惰而浪費時間，倦了就睡覺，書沒讀完，那就明天做吧！

但是，自從我建立身分認同的那一刻起，我就厲行比別人早起一小時讀書、晚睡一小時的習慣。同學們七點起床，我就六點起來讀書，同學們十二點入睡，我則讀書到一點。

雖然因為學生會或社團活動關係，我的時間相對較少，但習慣逐漸固定後，我的學習效率和成績都有所提升了。

「要做好榜樣的人，要證明那條路是對的人」，這個身分認同就是變化的開始。身分認同創造習慣，習慣再次創造身分認同。

現在，我仍保持一天看書至少三十分鐘到一小時的習慣。這是我第一次創業失敗，認為自己太缺乏知識和智慧，決定每天念書改善，因此養成的習慣。

不過，我也不是一開始就做到。剛開始下定決心的第一年，都很容易偷懶，或是經常拿自己很忙、要參加聚會來當藉口。但讀了《原子習慣》一書後，我重新開始定義自己的身分。作為一名新創公司CEO，我給自己「成功創業家」的身分認同，並思考成功的創業家應該做些什麼。

我找了許多描述成功創業家故事的書籍或影片，發現他們都擁有善用零碎時間讀書的習慣。因此，我也以此開始檢視自己。每一天讀書，我都在心裡反覆想像自己是「成功的創業家」，今天也達成小小成就。如今，我依然保持每天看書一小時以上的習慣。

美國哲學家威廉．詹姆斯曾說：

「想法改變，行為自然改變，行為改變，習慣自然改變，習慣改變，人格自然改變，人格改變，命運自然改變。」

各位的人生也是同樣道理，為了能持續實踐與努力，應該改變自己的想法，而那個想法就是：先找到「我是誰？」的答案。這樣的身分認同將改變行為，那些小小成就積沙成塔變成習慣，習慣再次改變各位的人生，最終改變各位的人格，甚至改變命運。

捫心自問吧！

「我想成為什麼樣的人？」

「那個人應該過什麼樣的人生？」

這個問題的答案，以及每一天積累符合答案的行動，最後將創造各位不屈不撓的命運。

讀書，真的有用

不屈不撓的心來自於不願屈服，有價值、珍貴的事物，我們通稱為「夢想」。這裡說的夢想並非前面提到的職業或手段，而是具有必須實現的「目標意識」，也就是「信念」。比如我想打造什麼樣的世界、我想替世界帶來何種影響力，或是希望僅此一次的人生如何度過等。

我高中時期的信念，就是解決戰爭問題，讓所有人過上有尊嚴的生活。我希望自己能為創造更好的世界貢獻一己之力；我也鑽研夢想，得知全世界許多人都因飢餓、難民等問題痛苦不已，因此決定藉由YUPAD社團活動和同學們討論，培養對社會議題的好奇心及敏銳度。

此外，我也累積了各式各樣的經驗。首先，我得知世界級人權團體——國際特赦組織正在招募青少年社團成員的消息，於是我在校內成立了社團，和同學一起參與活動約兩年。

在這個過程中，我以更現實的角度接觸到過去只在書裡看到的問題。我不斷思考，現在我們能為那些因各種因素遭受人權打壓、飽受痛苦的群眾，以及因貧窮飽受痛苦的非洲孩子們做些什麼，並努力付諸行動。

我們為了人權遭受打壓的緬甸人民，邀請全校師生一起寫請願書，也為了非洲孩子們募款，邀請全校師生共同參與「驅逐貧困之日」活動。

課外活動之餘，我也不忘花時間讀書。我以自己最感興趣的「東亞和平」為主，努力想找出讓韓國、日本、中國等，長期處於衝突中的東亞國家能和平共處的方法。在絞盡腦汁的過程中，我閱讀了安重根義士所寫的《東亞和平論》，不時思考如何將他提倡的和平方式應用於在現代，並把這些想法寫下來。

此外，我還深入研究了歐洲歷史，從第一次、第二次世界大戰到創立歐盟（EU）共同體的誕生，我發現歐盟的原型竟是為了阻止戰爭再次發生的歐洲煤鋼共同體（ECSC）。該組織透過共同管理煤或鋼等戰爭關鍵物資，達成了維護和平的目標。

基於此研究，我進一步探討哪些產業能成為東亞版的煤鋼共同體，並將我的故鄉釜山和日本大阪、中國物流城市上海比較研究。

升上高三那年寒假，我不顧班導師的反對，決定親自前往日本考察。因為我想親眼驗證書中看到、學到的知識。

當然，一介高中生要做出專業研究並非易事，但回想起來，那些「追夢」的時光，其實是創造重折心相當重要的契機。我藉由那些時光培養夢想和信念，說得更精準一點，我知道那些問題有多重要，也深刻體驗到需要幫助的人們、要解決的問題，比我想像中更多。

這份渴望驅使我更加迫切的想盡早進入大學，深入討論這些問題並探索可行的解決方案。即使在感到疲憊和艱辛的日子裡，這股渴望仍支持我堅持坐在書桌前。因為我的夢想很偉大，我也要成為足夠堅強、聰明的人。這就是我讀書的動力，也是讀書對我而言的真正的「用處」。

這些經驗在首爾大學入學面試中，意外展現了價值。

接下來，我想與各位分享這段經歷。

當時，首爾大學的面試形式是，從三篇短文中挑選一篇，接著依序回答關於該篇短文的三到四個問題。

我選擇的文章，主要探討同樣強度的地震，為何在不同國家會導致截然不同的傷亡數字，並深入分析自然災害中的人命傷亡，究竟是天災還是人禍。

最後，面試官還問我：「是否認為先進國家應該幫助貧困國家？請說明具體原因及方法。」

稍微思考了一下答案後，輪到我回答。前面三道問題，我都回答得中規中矩。

「請問你對第四題有什麼結論？」

口試委員教授提出問題，我則將過去的經驗融入答案，娓娓道出：

「我認為，先進國家確實有義務協助最貧窮的國家建立防災基礎設施。」

我在回答中加入了長久以來普遍存在的價值觀，即富裕國家有責任幫助貧困國家，並特別強調了「務必」一詞。

「第一，先進國家對最貧窮國家的窮困具有歷史責任。二十世紀初期到中期，歐美列強侵略非洲、東南亞、南美各個國家，掠奪他們的資源及勞動力，這些行為奠定了當今經濟大國的基礎。」

教授們面無表情，不發一語的聽著我繼續說。

「第二，因為我們具有守護人類尊嚴的道德責任。伊曼努爾・康德（Immanuel Kant）說：『人人都是尊嚴的存在。』而最貧窮國家的人們同樣擁有尊嚴，我們所有人都有義務守護他們的尊嚴。」

當我提到第二個理由時，教授們只做了幾次筆記，仍然板著一張臉坐在位子上，似乎還在思考如何一項項反駁這千篇一律的答案。

其實，我知道剛剛提的兩項依據，已經有許多考生回答過，但我還有另一項祕密武器。

「接下來，我想告訴各位，我認為先進國家必須幫助最貧窮國家的關鍵原因。我認為，在以利害關係為中心的國際政治中，談論歷史、道德責任，並不會促使一個國家採取行動。因此，我想到了在研究政治外交社團YUPAD中，放假期間和同學們研究過的《京都議定書》。」

本來沒什麼反應的教授們，眼神開始慢慢變得不一樣。

「《京都議定書》是聯合國氣候變化綱要公約（UNFCCC）中，針對全球溫室氣體減排而制定的協議。其中，最具代表性的清潔發展機制，便是允許先進國家透過資助開發中國家實施減排（減少溫室氣體排放），並將部分成效計入先進國家的減排貢獻。

「換言之，富裕國家在幫助貧困國家時，能獲得一定的經濟利益。基於此原則，當先進國家協助最貧窮國家建構防災基礎設施時，也應該……。」

一回答完，我就像當初結束選學生會長的演講後，堅信自己會當選一樣，有一股應該會錄取的預感。果不其然，教授們露出一抹輕輕的微笑和驚豔的神情。

一位教授點點頭，問我：

「大部分人都選擇相對簡單的第三篇問題，所以其實我沒抱太大期待。不過，你是我今天的學生當中，回答最棒的。對了，那個政治外交社團叫什麼？」

「YUPAD。」

「哇！這個社團很不錯，高中生居然能對《京都議定書》侃侃而談！」

另外一位一直保持撲克臉的教授，也給了一句簡短但強烈的稱讚。

「在這麼短的時間內，你居然能想到《京都議定書》，非常優秀。」

最後，我被首爾大學錄取，而且是以從沒想過的獎學生名額錄取。這是鑽研夢想獲得的甜美果實。我才明白如果認真鑽研夢想，不僅能養成百折不撓的心態，甚至能在社會上大放光彩。

除了前面提過的故事外，我還打算介紹我高中時期的兩件插曲。

這兩件事對我而言都是很寶貴的經驗，它們讓我明白我將成為替世界貢獻什麼、為哪些人帶來影響的人。

為自己而努力

從高中二年級開始，我在學校附近社區擔任小朋友的學習顧問，因此結識了一位以科學家為未來志向的小學三年級學生。

這位學生在數學、科學方面很有天賦，卻因為落後的教育環境、不優渥的家庭環境條件難以伸張志向。我介紹了一些和數學、科學相關的書籍，幫助他持續培養對這些科目的興趣，同時也告訴他，阿爾伯特・愛因斯坦（Albert Einstein）之類的科學家故事。

不久之後，他已經會自己到圖書館借閱數學及科學書籍。而藉由這份工作，也讓我產生能為他人帶來正面影響的自信。

另一項經驗是，我擔任學生會長時候的事。當時，我們學校有一個傳統文化，由畢業生學長姐蒐集舊書，賣給在校學弟妹，再將所得款項捐給村子裡生活條件拮据的老人家。大雪紛飛的某一天，我為了轉交款項，逐一拜訪三間老人家，卻目睹了令人心痛的場景。

第一間拜訪的老奶奶住在一間屋頂幾乎就要塌陷的房子裡，家中沒有暖氣，就這麼度過嚴冬。第二間老爺爺身體不舒服，連三餐都無法自行料理，就這麼獨自居住。第三間住著老奶奶和無法動彈的老爺爺，老奶奶腰都挺不直了，還是勉強照顧著老爺爺。親眼看到因為沒錢，正值嚴冬時期卻連暖氣都開不了，生活在如冰塊般冰冷的地板上的老人家，我才知道老年經濟困難比我想像得更嚴重。

回到學校後，我仍不斷苦思自己能為他們做什麼，然後我突然想起轉交款項時站在旁邊的一位居民。他說，經濟困難是一回事，但情感上的孤獨，也讓老爺爺、老奶奶難以承受。

於是，我們企劃了「作伴計畫」，每兩週拜訪老人家一次，替他們準備餐點，也幫忙打掃。半年內，共有二十名同學參與這項計畫。這兩項經驗非常寶貴，並且讓我知道，原來社會上還有那麼多生活困難的人；原來如此渺小的我，也能帶給他人幫助及正面影響力。

這些經驗也成為我每天更認真讀書、充實生活的動力。

基於這些原因，讀書的最終目的不是我自己，而是為了「他人」。

只有知道如何學以致用，並為世界的進步貢獻力量，才能真正領悟讀書的意義。這樣的人無論面對什麼考驗與磨難，都很清楚自己為什麼要做，因此不會輕易被打倒。

如果想擁有百折不撓的心，各位的夢想及讀書、努力的原因必須具有足夠的價值，並且珍貴到不被任何困難擊倒。

誰需要我讀的知識？哪裡會用上我學的知識？如果各位知道答案了，一定能找出屬於自己的一條路。

尋找你的「為什麼」

上大學後，我覺得聯合國之類的國際機構似乎比外交官更適合我。因此，我決定以考進美國哈佛甘迺迪學院（Harvard Kennedy School）為目標。該學院是研究包含國際政治學的公共行政領域最有名的學校。

然而，美國留學一年需花上數千萬韓幣（按：相當臺幣二十幾萬元），家中環境並無富裕到能大方支援如此巨額費用，因此我開始從事家教和演講。工作的同時，我仍認真讀書，持續保持領獎學金的資格，畢業時甚至領到成績在系上前一〇％才授予的優等畢業生畢業證書。

然而，教越多學生，心裡卻越來越沉重。

「我不知道自己想做什麼。」

「什麼都不想做。」

「我不覺得自己能做得好。」

這是我最常聽到學生說的話，這些話也改變了我的人生方向。

即使都到了二〇二四年，整個教育體系卻依然停留在一九八〇、一九九〇年代，這實在令我搖頭。

大多數學生就像倉鼠在滾輪中奔跑一樣，人生既無趣又漫無目的。我也曾經歷過低潮，深知十幾歲的學生們有多艱辛。

在這樣的制度下，入學考試和競爭成為每個人的唯一目標，學生們只能苦撐著，即便他們孤獨又疲憊。

明明這是人生中最重要的時期，但很多孩子卻沒有機會好好思考自己喜歡什麼、想成為什麼樣的人，只是像機器一樣學習，現實讓我感到十分憤怒。

二〇一九年首爾大學畢業典禮致詞環節中，防彈少年團的製作人，HYBE的房時爀議長曾這樣說：

「我成功的能量來源就是『怒火』，也就憤怒。」

他說，自己對「差不多就好」的工作態度感到憤慨，也對音樂產業的處境感到很不安，因為到處都有不符合常理的地方。

我選擇教育這項問題，同樣也是基於憤怒。看到孩子們面臨比我年輕時速度更快的競爭，甚至還被要求要跑得更快，這種現實情況讓我很生氣。

青少年時期是打造整個人生堅固底盤的時期，應該擁有充分的機會思考自己喜歡什麼、想成為什麼樣的人，而不是陷入先修課程、補教的泥沼中，讓他們每天累積更多失敗經驗。

我認為必須讓孩子藉由微小但有力量的成就經驗，發現自己獨特的一面，並相信自己的潛力。

最後，我決定放棄從小以來的外交官夢想，要把所有一切賭在解決這項問題上。那天，我放棄了好不容易考上的中國交換學生機會，然後不到一個月，我成立了第一間公司。

這是一間替學生賦予夢想與動力，教授學習方法的教育公司。一開始經營得有聲有色，做出口碑後，全國各地學生蜂擁而至，寒暑假時幾乎是門庭若市。後來，規模擴大後，問題就開始出現了。

或許是因為太年輕，我完全不知道擔任學習顧問和經營公司是兩碼子事。等到我發現時，已是亡羊補牢。

公司開始走下坡，不到兩年，光是貸款和卡債，我就欠下約一億韓幣（按：約臺幣兩百一十萬元）的債務。

對一個大學都還沒畢業，二十七歲的青年而言，絕對是一筆難以負荷的大數字。那時，也是我第一次感受到眼前一片漆黑，人生頓時失去了方向。

於是，我閉門不出，整整六個月。

過了一段時間，我逐漸調整好心態後，開始反思自己失敗的原因及未來人生方向，也每天反問自己如果能重回到過去，會做出什麼樣的選擇。但六個月過去，我的回答依舊是：「我會做出同樣選擇」。

失敗的滋味確實讓人不好受，但我仍有理由不得不繼續前行。選擇這條路，並不是為了賺大錢，而是因為心中的信念。當我傾聽內心深處的聲音時，也為自己能不受外界影響感到驚訝。或許是因為與學生相處的過程中，我在不知不覺間更堅定了自己的決心，讓我能夠勇敢面對挑戰，堅持走下去。

確認自己的想法後，我拍拍屁股重新站起來。

於是，我開始寫書，一邊學習，一邊從事家教和演講，努力賺錢還債。此外，我還報名了上班族程式設計的週末課程，並整理我青少年時期的故事、爸媽的話、讀書及演講心得，成立了「小成功，大成就學堂」YouTube頻道。

這個頻道分享的內容大都來自我的親身經驗，強調小成功的重要性，並提供家長如何協助孩子的經驗。我希望透過這個平臺，能協助家長和孩子一起打造屬於他們自己的出路。

在此之前，我曾嘗試創立過 YouTube 頻道兩、三次，但每次訂閱人數都沒有什麼增長，之後便不了了之。這次，我依然心存疑慮，但或許是心意終於傳達出去，頻道成立約六個月後，訂閱人數就突破了五萬人。隔年，我開始製作影片，同時創造一個平臺，幫助孩子在各領域中探索自己喜歡的事，包括人文、社會、工程、程式、英語等。尤其在新冠疫情期間，戶外活動受到很大的影響，孩子們失去了接觸不同領域的機會，因此這個平臺一開始就引起許多人的關注。而平臺的成功，也讓外商創投公司願意投資我們一筆不小的金額。

隨著時間過去，我終於找到自己為什麼一天只能睡三、四個小時，拚命賺錢還債，還得兼顧課業、上班，依然不放棄挑戰的理由，以及能夠放棄從小就想實現的目標及眾多好機會，依然繼續從事這份工作的理由。

因為我已經找到了——自己從事這份工作的答案。

我相信每個世代的教育應該有所不同，希望現在能比過去獲得一些改善，並幫助各位在學生時期累積成功經驗，讓自己相信自己做得到。

同時，也希望能幫助各位在過程中找出「想做什麼」、「為什麼要讀書」的答案，因為你們才是自己人生的主角。

而我也曾從一本書中獲得勇氣，堅信自己的決心是對的。勵志演說家西蒙・斯涅克（Simon Sinek）在《找到你的為什麼》（*Find Your Why*）一書中談到，實現夢想與目標、改變世界的人，都有一個共同點。

那就是：擁有以信念和目標為基礎的夢想。

這個夢想為他們帶來靈感，成為改變世界的動力。

儘管歷經無數失敗，並在多次遭遇挫折時差點放棄，但他們仍然非常清楚，自己為什麼要做、想對世界造成何種影響（即「為什麼」）。

正因如此，這些人最終能夠實現目標。

最知名的例子，就是蘋果的賈伯斯、馬丁・路德・金恩（Martin Luther King, Jr）、甘迺迪等人。

正如斯涅克所說，擁有明確理由的人，無論遇到何種考驗，都能堅持下去並找出解決方法。

百折不撓的心亦源於：為什麼要做這件事。因此，我鼓勵各位去尋找自己的「為什麼」。

就如同我們常說的「有志者事竟成」，擁有「為什麼」的人，才能知道「如何」去實現。這可能會需要一些時間，但這將會幫助你們重新走上自己的路。

別被世界困住

活到現在，我聽過無數次這些話。

「不行。」

「不可能。」

「放棄吧。」

只要我談自己的目標和夢想，十之八九會告訴我不行，不可能。無論我當時要競選學生會會長，還是要創立全國範圍的社團，甚至我要申請首爾大學時，人們都告訴我「你做不到」。甚至當時替我寫推薦書的老師，也說：「你成功錄取的機會連〇．一％都不到。」

新冠疫情結束後，我依然持續嘗試新事物，雖然過程中也犯了不少錯，但我希望學生們能勇敢追逐那些看似不可能的夢想。

我鼓勵他們像防彈少年團一樣，想像自己站在聯合國的演講臺上，分享自己的夢想與信念。於是，二〇二二年年底，我設計了「D.Nav」的課程，讓學生模擬撰寫應徵美國國家航空暨太空總署（NASA）的履歷。

然而，現實並不如想像中順利。許多人告訴我，這根本不可能實現，創投公司也全數拒絕投資。甚至教育界的人都嘲笑我的想法，認為這只是「吃米不知米價」的空談。

但是我有夢想——「讓韓國所有青少年都有機會擁有夢想」。

我為自己的夢想感到驕傲。雖然我的影響力不足以讓我賺大錢、改變世界，但我不會放棄。我要告訴學生夢想並非職業，是你的信念，沒有什麼夢想是不可能的。而我的工作就是幫助學生們找到屬於自己的「為什麼」，並且擁有不屈不撓的成長型心態。

國小六年級的允書和我一樣，一直很想當班長，但每次都沒選上。即便如此，她並沒有放棄，而是一次次的修改自己的夢想演講稿。經歷無數次挫敗和重新挑戰後，終於在六年級上學期，她第一次成功當選班長。她說：「我終於相信，只要不放棄，就一定能做到！」

國中一年級的有燦，本來只想當個有錢的無業遊民，說到玩樂、打遊戲，一定跑第一。然而，在他找到真正的夢想並發現讀書的意義後，決定和自己立下一個約定：寒假期間每天到圖書館學習。他說，現在的他感到非常驕傲。

國小六年級的圭燦，因為同學揮舞球棒，導致鼻梁和眉骨斷裂，幾乎放棄了成為NBA籃球選手的夢想。經歷兩次大手術後，他臉上貼著紗布繼續上課，開始使用曼陀羅計畫表，找出自己現在能做的事。在近乎走投無路的情況下，他從小事著手，重新找回挑戰夢想的力量，如今每天撰寫計畫表，努力學習英文。

國中二年級的瑞書，總拿自己和雙胞胎姊姊比較，認為自己再怎麼努力也比不上她。然而，堅持每天記錄計畫四百多天後，她發現自己擁有堅持的才能，終於相信自己能夠成功。

國中一年級的智佑，夢想成為懸壺濟世的醫生，因為現實的阻礙與他人質疑，曾感到絕望，但他知道要當醫生，並不是靠課業贏過他人，而是為了拯救病患。於是，他依然為夢想不斷努力。

國小四年級的瑞律，從小喜歡閱讀，但一直不知道該如何透過文字表達內心的聲音。如今，他的寫作潛力已被認可，並將呼籲停止戰爭、維護和平的理念融入作品，完成了一部以第二次世界大戰為背景的小說。

除了上述這幾個例子，還有很多孩子們也正在尋找自己的夢想，累積小小成功，並在當下開創屬於自己的道路，那條能做自己、熱情洋溢、穩定持續的人生道路。

看到我的小小努力能為他人帶來改變，讓我感到非常開心和自豪。也許這些努力看似微不足道，但我依然覺得，因我的夢想，世界變得比昨天更好。所有人都說不可能，但是我正在逐一擊破，證明我的夢想與信念。

蘋果的創辦人賈伯斯年輕時，曾在一次採訪中表示，有一件關於人生的事實我們必須了解，他說：

「我們活著的時候，常聽到人們說要接受大環境。在這個大環境的框架內，我們組建家庭、享受生活、儲蓄一些錢。但這樣的生活是非常有限的。我們的人生其實可以更為寬廣，只要我們明白一個簡單的事實：你所認為的人生中的一切，都是那些不如你聰明的人所創造的。

「你有能力改變這件事、影響它，甚至創造一些讓其他人受用的東西。當你理解這一點的瞬間，你的人生將會永遠改變。」

我們常常被困在這個世界的繭中，即使有想做的事情，想說的話，也很難將這些話攤開來說。我們擔心其他人會不會嘲笑？會不會指指點點？也擔心自己是不是錯了？是不是我很奇怪？

當你的夢想越大，目標越遠大，身邊的人往往會告訴你：「不可能，你還是放棄吧！」

但是，他們說做不到，並不代表你也做不到。世界一直都是這樣改變的。當大多數人說不可能，卻不放棄、相信自己繼續走下去的人，才能改變世界。

各位是世界上最寶貴的存在，是獨一無二（only）的存在。別讓世界決定你，由各位自行打造期望的世界吧！

百折不撓的心是珍惜自己的心。因為相信自己想做、自己很珍貴，所以能不屈不撓。各位也大膽替自己發聲，談自己的夢想吧！

不管其他人怎麼說，你都要相信自己手中握有改變世界的力量，而且絕對比任何人都還寶貴、耀眼。

比你更相信你的人

終於接近這本書的尾聲了。最後，我要談讓自己養成重折心的故事，為漫長旅程劃下句點。

我曾經歷過無數的逆境和失敗。從小就經常懷疑自己是否能表現得好，也曾失去勇氣。但是我的心態和意志之所以能百折不撓，最大的原因來自於守護我的「超級英雄」。

這個人看著小時候我寫得歪七扭八的日記，還讀得津津有味，好像比任何一本暢銷作家書籍有趣似的；聽著我不像樣的演說，也好像在聽偉人演說一樣；其他人說不可能做到，他也給我勇氣，告訴我「做得到」；在外面受了傷回來，她也一起陪我痛、安慰我。

這個人總是告訴我，我是多麼寶貴的存在、多麼特別的人，並且為我種下「信任」的種子，讓它在我心裡長成大樹。比我更了解我的心，比我更相信我的人，這位「超級英雄」就是媽媽。

我還清楚記得，小學四年級第一次選班長只獲得兩票的那天，我說自己再也不要去上學，以後絕對不當班長，大哭了一場。我覺得世上所有人都會嘲笑我，很想躲起來。但是媽媽總是牽緊我的手，看著我的一雙眼睛說：

「承右，終於有兩個同學開始認同你了。」

感謝這句話，讓我沒有放棄。參選學生會會長時也是一樣。「我們承右只要下定決心就會做到，所以不用太擔心。」媽媽總是先替我找「可以」的理由，而非「不行」的理由。

其實，第一次創業時，我沒有錢租辦公室。幾天後，媽媽給了我一筆錢，補貼辦公室租金的費用。坦白說，辦公室保證金確實很大筆，很難一次繳清，但我很清楚我們家並不寬裕，那筆錢不用想也知道，一定是她把自己的定存解約了——那筆省吃儉用，從每個月薪水裡斤斤計較存下來的辛苦錢，很可能還是爸媽的退休基金。

但是，創業失敗後，這筆錢就這樣被我敗掉了。

當我因創業失敗心靈飽受折磨時，媽媽這麼問我：

「如果回到當時，你還會做同樣選擇嗎？」

我想了很久，回答她應該會。

然後，媽媽毫不猶豫的接著說：「那就好，我也跟你一樣，如果再回到當時，我還是會投資你。」

我想她是為了告訴我這句話才這麼問的。有了那句話，我終於擺脫罪惡感，重新站起來。

創業以後，媽媽從未問我事業做得怎麼樣，所以我先開口問：「媽都投資了，怎麼從來不問我順不順利？」

媽媽則回答：「我也好奇！我想知道你有沒有擔憂、有沒有煩惱，但說到煩惱，你一定比我多，壓力也是你承受更多，所以我不想增加你的煩惱。我相信你，所以以等你來告訴我。」

有一回我夢見媽媽過世了，我的眼淚並不是單純因為失去媽媽而難過，而是因為世界上唯一支持我的人消失了，自己彷彿被遺棄在黑暗中。

確實如此，無論別人怎麼說，媽媽總是站在我這邊，她是那個比我更相信我的人。

即便連我都討厭自己、覺得自己很沒用，她依然會告訴我，是多珍貴的人。媽媽一直都是守護我心靈的「超級英雄」。

媽媽從不喊累

從小我就經常生病，媽媽總是不辭辛勞的照顧我或帶我去看醫生。身為托兒所老師的媽媽有時甚至整晚都沒睡就去上班，但媽媽從不喊累。

她總說：「對不起，沒能替你受苦。」如果我因為不舒服半夜醒來，媽媽總是等我睡著了才休息。

媽媽總是在忙，早上替我準備早餐，白天去上班工作，下了班回家又替我煮晚餐。每天幫我洗制服，還替我燙得筆直。因此，我國中三年從來沒穿過皺巴巴的襯衫上學。

所以媽媽總是很累。

她的肩膀硬得像石頭也不去看醫生，總說貼一下藥膏就會好。但我稍微喊不舒服，她就會帶我跑遍市區所有大小醫院。

也許是為了帶我去看醫生，媽媽的身體更累、更不舒服，但她總是笑著說：「媽媽貼藥膏就可以了，只要你沒生病就好。」

每到考試前夕，我總是容易對媽媽發脾氣。要做的事情太多，卻沒有時間，心裡一急，經常就把情緒發洩在媽媽身上。

「都是因為媽媽！」

無法專心也是媽媽的錯，有壓力也是媽媽的錯，累了也是媽媽的錯，世上所有壞事都是媽媽害的。

讀書讀得不順的日子，事情不順利的日子，只要媽媽打電話來，我就容易說些有的沒有的。

「妳不用管！我自己會看著辦！」

即使孩子不像樣，媽媽也沒有生氣。她好像真的覺得是自己的錯，對我感到抱歉。她只說自己沒能成為更好的媽媽，對不起我。

不久之前，我寫書寫到一半打電話問：「媽，在養育我的過程中，妳覺得什麼時候最辛苦？」

媽媽回答：「一點都不辛苦！我只記得開心的事。」

是的，媽媽總說只要看到我，她說那些辛苦都沒什麼，只記得開心的時刻。

媽媽從來沒告訴我她很累。

我是爸爸的驕傲

青春期時我和爸爸的關係並不算太好，但小時候其實我更常和爸爸在一起。媽媽一直都是托兒所老師，爸爸則是上班族，直到我上小學時，他才開始經營K書中心。只不過後來爆發亞洲金融危機（Asian Financial Crisis）[1]，沒過幾年K書中心就只好收掉。所以小學時負責教我寫作業或處理我三餐的主要是爸爸，而不是媽媽。

其實，我爸爸對他的老婆，也就是我媽媽，和我這個唯一的兒子，都不是溫柔的類型。話少到要問三次才會回答一次，有時非常固執保守，有時也會勃然大怒。不過，人家說父子相傳，遺傳到爸爸的我同樣非常固執，自尊心強。從小學六年級開始吧？我和爸爸之前的矛盾越來越深。

國中時，我想嘗試染頭髮或留長髮，想買手機、鞋子或衣服，爸爸從來沒答應過我的要求。他說我淨講一些不三不四的話，經常連聽都不聽。久而久之，自尊心高的我也逐漸產生反抗心態，導致父子之間關係因此疏遠。沉默寡言又十分固執的爸爸，碰上遺傳他的兒子，這個結果也算很理所當然了吧？

進入青春期後，我和爸爸之間的衝突越演越烈。有一次，因為和同學玩太晚回家，被爸爸大罵一頓，壓抑已久的反抗情緒爆發，我說了不該說的話。

「你最好消失在世界上！」

然後我甩門離開家，第一次「離家出走」。我真的很討厭每件事情都執著於「正統」的爸爸，實在太討厭了。

不過，正值嚴冬的夜晚，一個國中生能去哪？又不能掉頭回家，去網咖打發時間，營業時間也只到十點，因為我還未成年。最後我去了二十四小時營業的K書中心。傳訊息給媽媽說我再也不進家門後，就在K書中心過夜。

1. 爆發於一九九七年的一場金融危機。

隔天，因為下星期就是期中考，我在K書中心打開評量，突然有人拍了我的背。是爸爸。爸爸拿出兩張一萬韓幣紙鈔說：

「辛苦了，去買東西吃吧！」

就這兩句話。因為不想傷自尊心，我不發一語，爸爸把錢放在書桌上後就離開了。但是我知道，自尊心那麼高的爸爸，能擠出那兩句話需要鼓起多大的勇氣。因為在K書中心，我也無法哭出聲，只能無聲的拚命掉淚。

直到現在，那時爸爸的背影仍深深印在我心中。曾經那麼寬廣的背，如今卻顯得有些萎縮，那背影看起來是那麼落寞。每每想到自己曾想要爸爸消失在這個世界上，內心便深感愧疚。

幾天後，也許爸爸還在對我愧疚，喝了酒後留下一封信（見左頁圖表7–3）。

我到現在還留著這張信。那天以後，我第一次嘗試理解爸爸的想法。以前覺得爸爸就是超人，但現在明白爸爸有多孤獨、有多辛苦。爸爸也是第一次當爸爸，過程難免跌跌撞撞。

而從那之後，我也開始看見之前自己未從注意過的地方。某次在去上完補習

圖表 7-3 爸爸寫的信

親愛的承右，這好像是我第一次寫信給你。爸爸這麼沒用，你還長得那麼棒，氣宇軒昂，我只有感謝再感謝。

總是讓你看到爸爸不好的一面，我只能說對不起，還有對不起。

爸爸每天念你，可能是因為我自己也做不到這樣吧？在我們那一代做不到的夢想，我希望你一定要實現。

爸爸相信你，相信你可以為了美好的未來忍受一時的苦。

我的兒子，承右，我真的很愛你。

班回家的路上，我曾看到爸爸獨自坐在賣湯飯的餐廳，簡單吃著一碗湯飯配燒酒。後來，只要在餐廳看到獨自喝燒酒的中年男性，總忍不住多回頭看一下。

爸爸從不當面稱讚我。高中以後，對我的課業更是一點都不關心，有時甚至不聞不問。但是，他只要和朋友見面喝酒，他的話題永遠圍繞在我身上。雖然看似一點都不關心，但爸爸都知道我有多用心、多努力。

他自己生意不好，收入不穩定的某一天，突然問起我的銀行帳戶。

三十分鐘後，他匯給我一百萬韓幣（按：約臺幣兩萬一千元），手機訊息都不太會用的他，傳了簡訊給我。

「兒。子。加。油。」

他並不是沒有心，只是不懂得表達。其實，我一直是爸爸的驕傲，是他的夢想。所以我有一個目標，我想讓爸爸成為世界上最棒的爸爸，還要替爸爸實現他的夢想——當初因家庭環境或時代動盪，而無法實現的夢想。爸爸是我的驕傲，是我的夢想。

讀書、追夢……我從家長身上看到的事

十多年來，我在演講或諮商過程中，遇過數千名家長，現在仍透過YouTube上傳影片與各位家長分享。每當我查看YouTube的留言區，總能看到許多父母的「悔過書」。

「我今天對孩子發火了，我反省……。」

「我心裡不是這樣想的，送孩子上學後，因為太愧疚就哭了……。」

「我想成為好爸媽，但是好難……。」

我小時候也很討厭媽媽碎碎唸，討厭爸媽發脾氣。真的不能理解為什麼要整天碎碎唸、發脾氣。所以有時候討厭媽媽、有時候恨爸爸。

但是和家長相處後我才明白，因為爸媽也都是第一次為人父母，所以才這

樣。他們為了成為更好的父母，為了讓我吃得更好，穿得更好，在我看不到的地方孤軍奮鬥。對我發脾氣後，轉了身，媽媽又有多後悔，是不是比我更心痛？痛罵我一頓後，爸爸自己的內心又該多焦急？我後來才明白這一切。

各位最討厭的話，大概是父母念「去讀書」、「盡力做好」吧？明明都會自己看著辦了，媽媽偏要問：「今天書讀完了嗎？」她這麼一問，僅存的意志就消失殆盡。又或者是正想認真做點什麼，他們就突然叫我們好好認真讀書。我已經正在努力，但爸媽卻不懂我的心。

有時候，他們又問我夢想是什麼、目標是什麼，叫我想想未來要做什麼。我還不知道夢想是什麼，也不知道自己想做什麼，爸媽卻只會說人要有夢想，淨說一些「老古板」的話。我希望他們可以再多信任我一點，再等我一下，但爸媽總是心急。

遇見這類型的家長後，我終於明白，原來那些話都蘊含爸媽人生中的遺憾和後悔時光。

「去讀書」這句話裡隱藏著後悔，希望子女不要像我一樣後悔的心意。例如：要是我那時再多讀點書就好了。

「要有夢想」這句話，也藏著父母當年將年少夢想放在一旁，只是拚命向前衝刺的時光。

比起實現自己的夢想，他們認為成為孩子的溫暖港灣更重要。所以，媽媽放棄了她的夢想，只為了照顧家庭；爸爸放棄了自己想做的事，只為了確保孩子能夠吃得飽、穿得暖。

「要有夢想」這句話，還藏著父母希望孩子能實現夢想的深切期盼，以及希望孩子能過不一樣的人生、過得比自己更幸福。

所以，要記得，當父母碎碎唸，叫我們去讀書、要有夢想時，這背後是他們的犧牲與奉獻。他們選擇放棄自己的夢想，只為了讓我們擁有更好的人生。那份深沉的愛和期待，隱藏在每一句叮嚀中。

爸媽總是唸唸叨叨，常常問：「吃飯了嗎？有沒有什麼事？有沒有生病？」但很多人失去爸媽之後，最想念的，就是再聽一次他們的叨唸。因為每一句話，都充滿了真心和關懷。爸媽總是等我們回家，總是擔心著我們的未來，想告訴我們即使他們不在，也要勇敢過好每一天。他們不會永遠在我們身邊，但會一直在心裡。

國中畢業，高中畢業，甚至結婚後，我們的生活會漸漸與父母分開。某一天，父母會離開我們，去到一個無法再見的地方。那時，我們才會明白，他們的叮嚀，背後藏著多深的愛與擔心。

爸媽總是擔心著萬一自己哪天不在了，誰來照顧我們、準備三餐或打掃。他們總是教我們如何生活，以及哪天他們不在時依然能夠堅強。他們的叮囑，其實都是希望我們能夠勇敢的面對生活。

所以，請一定要體諒他們的心，理解那些藏在「去讀書」、「要有夢想」背後的真心。然後，盡全力去努力，讓他們相信，即使將來父母不在，我們依然能夠好好生活下去。這樣一來，你一定能看到爸媽開心無比的笑容。

現在，試著表達你的想法吧！你是父母生活的理由，是他們最驕傲的存在。就試著說一次謝謝、我愛你吧！這比聽到任何好話還要讓他們更開心。

「我太熱愛星星，所以不害怕黑夜。」

——世界網球球后／塞雷娜・威廉絲（Serena Williams）

後記 相信自己是很棒的人

我想了好幾天，該寫哪些話替這本書做結尾。因為我很清楚讀到這邊的各位一定比任何人更努力求表現，是認真過每一天的人。

這讓我不禁想起曾帶給我安慰及勇氣的一句話。

有次搞砸考試後，我曾想自己真的撐不下去了，很想放棄一切。但是一位學長買了飲料來找垂頭喪氣的我。學長問我最近書讀的怎麼樣、校園生活如何。我和學長抱怨優秀的同學太多了、自己再怎麼追應該都追不上。學長只是默默聽著我的話，然後拍拍我的肩膀說：

「你現在就表現得很好了。」

表現很好這四個字，讓我的眼淚潰堤。

也許那就是我一直以來想聽到的話吧？我比其他人都用心，也非常努力，但好像沒人知道，所以覺得既孤單又疲憊。

學長接著說：「無論別人怎麼說，你現在就表現得很棒了，只要繼續保持這個方式就可以了。人生本來就有不順利的時候，也會有不小心做錯的時候，但是你已經不斷在努力了。就算其他人看不到，你自己也得明白，你有多努力、做得多好。我知道，你未來一定會越來越好，你的春天很快就會來臨。」

沒錯，就像學長說的，過去遭受那麼多失敗，我也沒有放棄。

雖然常常很想放棄、不想做，但為了讓表現更好，我又再次坐在書桌前。那時我才知道，我只是太求好心切，不斷的和他人比較。

但是，我比自己想的還要更棒。即使想放棄，也沒有逃跑，不想做還是遵守和自己的約定。因此，我很能體會，那些比我處境更困難、痛苦的人，為了幫助他們實現夢想，我每天都在持續努力。

我是一個很不錯的人。或許其他人不知道，但我知道自己夢想的價值、付出努力的時間，以及像不倒翁一樣，無論跌倒多少次，都能再站起來的堅持。所以，我決定要稱讚自己，認同自己付出的努力。

各位也是一樣的。你們都是比自己想的還要更棒、更堅強的人。想放棄卻還是重新站起來，不想做卻還是調整心態繼續努力，並且一直走到今天。

我知道，各位是很棒的人，是無論再辛苦也會站起來的人。

我相信，你們擁有無限的潛力，可以做到任何事，而且總有一天會像夜空中的星星一樣閃閃發亮。

我們在這裡，默默期待，等待你們的夢想成真，等待有一天，因為你們的努力，這個世界會變得更加美好。

請你們再堅持一下，試著邁出步伐。看見自己內心正在付出的努力，並認可自己創造的小小成功。稱讚自己今天比昨天更進步的小小成長，比其他人更拚命相信自己。

期待各位愛上讀書的時刻，用夢想照亮世界，帶來正面影響力的時刻到來！

最後，我要告訴比任何人都還努力的你：

「你現在已經表現得很棒了！」

你們比任何人都表現得更加出色，因此，我在這裡默默的等待、期待，並為你們加油。在春天來臨時，花朵將會燦爛綻放。

結語
給父母親的一封信

我寫這本書，是因為希望學生可以跨越圍住自己的高牆，找到夢想，並成為自己人生的主角，然後開始愛上讀書。

就算不是讀書也好，我只希望孩子們能藉由這本書找到自己想做的事。心肝寶貝能找到自己的一條路，擁有穩定的自尊感，過得幸福快樂，是所有父母的期待，也是父母親奮鬥打拚的最大動力。

但是，如同書中提到的，要讓孩子們相信自己、找到夢想，碰上失敗也能重新站起來，單靠孩子的努力仍有難度。

我沒有放棄夢想，一直走到現在，是因為有相信我、默默等待的父母。有這樣的爸媽，我才沒有放棄，堅持走自己的路。

我希望孩子們也能活在這樣的世界。希望他們的人生有最堅定的信賴，並且相信至少爸媽會相信、支持他們。

那份信任會讓孩子們就算有天摔跤跌倒，仍有力氣重新站起來。父母是孩子在世上唯一能停靠的港口，也是最可靠的支持者。父母多相信孩子，孩子對自己做得到的自信就有多大；父母多支持他們，百折不撓的心就會越堅固。

在我設計的「心靈郵局」和「D.Nav」的課程上，父母可以和孩子每天寫交換日記。我觀察到，父母的一點點認同和支持，對孩子是莫大的力量。哪怕只是一、兩句稱讚和鼓勵，都能成為孩子迎向挑戰的動力。

每個孩子都想好好表現，渴望得到爸媽的認同。或許，有時父母會對孩子某些行為感到不滿，但我還是希望大家能看到孩子的努力，並記住：「孩子一定能做得到」。然後，至少試著告訴他——他是多寶貴的人，你們有多愛他，你們會一直相信他、支持他。

能陪伴孩子的時間其實有限。現在就告訴心肝寶貝們，爸媽有多愛他。相信我，再高的牆，他都能跨越過去。最後，向時刻努力的父母致上最高敬意。

國家圖書館出版品預行編目（CIP）資料

讓10000＋人愛上讀書：為什麼要讀書？曾放棄讀書的我告訴你。沒方向、成果差、被潑冷水……先做一件事就好。／曹承右著；郭佳樺譯. -- 初版. -- 臺北市：大是文化有限公司, 2025.01
304頁；14.8×21公分. --（Think；287）
譯自：공부가 설렘이 되는 순간
ISBN 978-626-7539-52-1（平裝）

1. CST：學習方法　2.CST：讀書法

521.1　　113014464

Think 287

讓10000＋人愛上讀書

為什麼要讀書？曾放棄讀書的我告訴你。
沒方向、成果差、被潑冷水……先做一件事就好。

作　　者｜曹承右
譯　　者｜郭佳樺
責任編輯｜黃凱琪
校對編輯｜楊明玉
副總編輯｜顏惠君
總 編 輯｜吳依瑋
發 行 人｜徐仲秋
會 計 部｜主辦會計／許鳳雪、助理／李秀娟
版 權 部｜經理／郝麗珍、主任／劉宗德
行銷業務部｜業務經理／留婉茹、專員／馬絮盈、助理／連玉
行銷企劃／黃于晴、美術設計／林祐豐
行銷、業務與網路書店總監｜林裕安
總 經 理｜陳絜吾

出 版 者｜大是文化有限公司
臺北市100衡陽路7號8樓
編輯部電話：（02）23757911
購書相關資訊請洽：（02）23757911　分機122
24小時讀者服務傳真：（02）23756999
讀者服務E-mail：dscsms28@gmail.com
郵政劃撥帳號：19983366　戶名：大是文化有限公司

香港發行｜豐達出版發行有限公司　Rich Publishing & Distribut Ltd
地址：香港柴灣永泰道70號柴灣工業城第2期1805室
Unit 1805, Ph. 2, Chai Wan Ind City, 70 Wing Tai Rd, Chai Wan, Hong Kong
電話：21726513　　傳真：21724355
E-mail：cary@subseasy.com.hk

封面設計｜Dinner Illustration
內頁排版｜黃淑華
印　　刷｜鴻霖印刷傳媒股份有限公司

出版日期｜2025年1月　初版
ISBN｜978-626-7539-52-1
電子書ISBN｜9786267539507（PDF）
9786267539514（EPUB）

Printed in Taiwan
定價／新臺幣450元
（缺頁或裝訂錯誤的書，請寄回更換）